高等院校园林与风景园林专业教材

园林文化遗产保护

—— 以苏州园林古树名木保护为例

魏胜林 编著

苏州大学出版社

图书在版编目(CIP)数据

园林文化遗产保护:以苏州园林古树名木保护为例/魏胜林编著. —苏州:苏州大学出版社,2016.1
ISBN 978-7-5672-1639-6

Ⅰ.①园… Ⅱ.①魏… Ⅲ.①古典园林—文化遗产—保护—苏州市—教材 Ⅳ.①K928.73

中国版本图书馆CIP数据核字(2016)第002463号

内 容 简 介

园林文化遗产是文化遗产的有机组成部分。本教材旨在使学生熟悉与文化遗产保护和管理相关的公约、法规、文件;熟悉我国被列入《世界遗产名录》且与风景园林专业设计密切相关的主要文化遗产和文化景观遗产的主要价值、特征、内容;培养从世界文化遗产中吸收丰富的风景园林设计营养和设计灵感的习惯与能力;熟悉苏州对古典园林文化遗产保护与管理开展的相关工作和保护技术研究。

本教材分四章,包括:文化遗产保护公约、办法、规范,中国的世界遗产与保护,苏州园林文化遗产与保护,园林古树名木保护技术研究。每章前都有本章提要与学习重点,便于学生明确学习的主要内容。

本教材适合作为高等院校风景园林、园林等专业的教学用书,亦可供从事园林遗产保护与管理的其他专业人士阅读参考。

园林文化遗产保护
——以苏州园林古树名木保护为例

魏胜林 编著

责任编辑 王 亮

苏州大学出版社出版发行
(地址:苏州市十梓街1号 邮编:215006)
苏州工业园区美柯乐制版印务有限责任公司印装
(地址:苏州工业园区娄葑镇东兴路7-1号 邮编:215021)

开本 787 mm×1 092 mm 1/16 印张 10 字数 250 千
2016年1月第1版 2016年1月第1次印刷
ISBN 978-7-5672-1639-6 定价:29.00元

苏州大学版图书若有印装错误,本社负责调换
苏州大学出版社营销部 电话:0512-65225020
苏州大学出版社网址 http://www.sudapress.com

前 言

1985年11月22日,第六届全国人民代表大会常务委员会第十三次会议决定:批准加入联合国教育、科学及文化组织大会第十七届会议于1972年11月16日在巴黎通过的《保护世界文化和自然遗产公约》。截至2013年,我国已有45处世界遗产,其中文化遗产27处、自然遗产10处、文化与自然双重遗产4处、文化景观遗产4处,成为世界第二遗产大国。

近年来,世界遗产的普遍价值已被越来越多的人关注。由于遗产的本质属性是真实性和完整性,遗产的有效保护与管理除了与政府、社会、资金、市场有关外,还涉及有关公约、法规、文件和相关规程、规范及专项研究获得的专项技术等。我国虽已成为世界第二遗产大国,但成为世界遗产强国尚需付出更多努力。就当前而言,高等院校的风景园林、园林专业本科教学需要有相关专业教材,因为我国《高等学校风景园林本科指导性专业规范》(2013版)中,"风景园林遗产保护与管理"已成为专业知识体系8个"核心知识领域"之一,"风景园林遗产保护与设计"也成为9门风景园林专业核心课程之一。

本教材主要分为三大部分:文化遗产保护公约、办法、规范,我国的部分世界文化遗产简介及其中的风景园林专业设计理念,苏州古典园林世界文化遗产保护与开展的相关保护技术研究。其中苏州古典园林三次普查内容与古树名木保护技术内容是本教材编著者承担的"苏州古典园林第三次普查"和"苏州古典园林古树名木保护与监测预警标准研究"两个科研项目的主要研究成果。

本教材提及的文化遗产保护公约、办法、规范部分和我国的部分世界文化遗产简介部分引用了相关现有成果,在此,对完成这部分成果的所有人士表示诚挚的感谢!

同时,对为本书的出版付出辛苦工作的编辑出版人士表示真诚的感谢!

由于编著者水平有限,书中难免存在疏漏与错误,权当抛砖引玉,诚请各位同仁与读者批评指正。

编著者
2015年6月

目 录

第一章 文化遗产保护公约、办法、规范 ··· 001
- 第一节 保护世界文化和自然遗产公约 ··· 001
- 第二节 世界遗产标志和联合国教科文组织世界遗产委员会 ··· 008
- 第三节 《世界文化遗产保护管理办法》及其在我国的实施情况 ··· 009
- 第四节 苏州古典园林监测工作规范 ··· 013

第二章 中国的世界遗产与保护 ··· 017
- 第一节 我国世界遗产保护现状 ··· 017
- 第二节 我国世界遗产保护需要解决的问题 ··· 040

第三章 苏州园林文化遗产与保护 ··· 041
- 第一节 苏州园林文化遗产保存现状 ··· 041
- 第二节 苏州世界文化遗产园林及其立法与修葺保护 ··· 046
- 第三节 苏州园林文化遗产保护机制探索 ··· 047

第四章 园林古树名木保护技术研究 ··· 050
- 第一节 古树名木保护有关法规文件 ··· 050
- 第二节 古树名木监测预警标准 ··· 055
- 第三节 苏州古典园林古树名木保护技术措施规程 ··· 059
- 第四节 苏州古典园林古树名木监测预警与保护 ··· 064
- 第五节 古树名木树种超体量树体控制技术 ··· 145

附录 苏州古典园林古树名木监测预警等级与保护技术分类表 ··· 149

参考文献 ··· 153

第一章 文化遗产保护公约、办法、规范

本章提要与学习重点

本章介绍了《保护世界文化和自然遗产公约》产生的背景及其内容;叙述了"世界遗产委员会"组织机构、职能、标志及我国在世界遗产委员会中的工作;介绍了我国实施的《世界文化遗产保护管理办法》和《苏州古典园林监测工作规范》的内容。

重点理解《保护世界文化和自然遗产公约》和《世界文化遗产保护管理办法》对各国世界文化遗产保护及我国世界文化遗产保护的意义。熟悉《保护世界文化和自然遗产公约》和《世界文化遗产保护管理办法》的内容。识别"世界遗产"标志。了解《苏州古典园林监测工作规范》的内容构成及其与苏州古典园林遗产监测保护对象的关系。

第一节 保护世界文化和自然遗产公约

一、《保护世界文化和自然遗产公约》产生的背景

世界遗产是指被联合国教科文组织和世界遗产委员会确认的人类罕见的、目前无法替代的财富,是全人类公认的具有突出意义和普遍价值的文物古迹及自然景观。它包括"世界文化遗产"、"世界自然遗产"、"世界文化与自然遗产"和"文化景观"四类。

联合国教育、科学及文化组织大会于1972年10月17日至11月21日在巴黎举行了第十七届会议,会上通过了《保护世界文化和自然遗产公约》。

联合国教科文组织注意到世界各国文化遗产和自然遗产越来越遭受到破坏的威胁,一方面因年久腐变所致,另一方面变化中的社会和经济条件使情况恶化,造成更加难以对付的损害或破坏现象,而任何文化或自然遗产的破坏或毁灭都会产生使全世界遗产枯竭的有害影响。一些国家保护这类遗产的工作不是很完善,原因在于这项工作需要大量投入,而有些国家不具备充足的经济、科学和技术力量。因此,联合国教科文组织考虑到有必要通过采用公约形式的新规定,以便为集体保护具有突出的普遍价值的文化和自然遗产建立一个根据现代科学方法制定的永久性的有效制度,使这些全人类的世界遗产得以留存,于是联合国教科文组织在1972年11月16日通过了《保护世界文化和自然遗产公约》。

《保护世界文化和自然遗产公约》的通过,标示着保护世界遗产的全球化行动的开始。

二、《保护世界文化和自然遗产公约》内容

保护世界文化和自然遗产公约

Ⅰ. 文化遗产和自然遗产的定义

第一条 为实现本公约的宗旨,下列各项应列为"文化遗产":

古迹:从历史、艺术或科学角度看具有突出的普遍价值的建筑物、碑雕和碑画,具有考古性质的成分或构造物、铭文、窟洞以及景观的联合体;

建筑群:从历史、艺术或科学角度看在建筑式样、分布均匀或与环境景色结合方面具有突出的普遍价值的单立或连接的建筑群;

遗址:从历史、审美、人种学或人类学角度看具有突出的普遍价值的人类工程或自然与人的联合工程以及包括有考古地址的区域。

第二条 为实现本公约的宗旨,下列各项应列为"自然遗产":

从审美或科学角度看具有突出的普遍价值的由物质和生物结构或这类结构群组成的自然景观;

从科学或保护角度看具有突出的普遍价值的地质和地文结构以及明确划为受到威胁的动物和植物生境区;

从科学、保存或自然美角度看具有突出的普遍价值的天然名胜或明确划分的自然区域。

第三条 本公约缔约国均可自行确定和划分上面第一条和第二条中提及的、本国领土内的各种不同的财产。

Ⅱ. 文化遗产和自然遗产的国家保护和国际保护

第四条 本公约缔约国承认,保证第一条和第二条中提及的、本国领土内的文化遗产和自然遗产的确定、保护、保存、展出和传与后代,主要是有关国家的责任。该国将为此目的竭尽全力,最大限度地利用本国资源,适当时利用所能获得的国际援助和合作,特别是财政、艺术、科学及技术方面的援助和合作。

第五条 为确保本公约各缔约国为保护、保存和展出本国领土内的文化遗产和自然遗产采取积极有效的措施,本公约各缔约国应视本国具体情况尽力做到以下几点:

1. 通过一项旨在使文化遗产和自然遗产在社会生活中起一定作用,并把遗产保护工作纳入全面规划纲要的总政策;

2. 如本国内尚未建立负责文化遗产和自然遗产的保护、保存和展出的机构,则建立一个或几个此类机构,配备适当的工作人员和为履行其职能所需的手段;

3. 发展科学和技术研究,并制定出能够抵抗威胁本国文化或自然遗产的危险的实际方法;

4. 采取为确定、保护、保存、展出和恢复这类遗产所需的适当的法律、科学、技术、行政和财政措施;

5. 促进建立或发展有关保护、保存和展出文化遗产和自然遗产的国家或地区培训中心,并鼓励这方面的科学研究。

第六条 (一)本公约缔约国,在充分尊重第一条和第二条中提及的文化遗产和自然遗产的所在国的主权,并不使国家立法规定的财产权受到损害的同时,承认这类遗产是世界遗产的一部分,因此,整个国际社会有责任进行合作,予以保护。

(二)缔约国同意,按照本公约的规定,应有关国家的要求帮助该国确定、保护、保存和展出第十一条第(二)和第(四)款中提及的文化遗产和自然遗产。

(三)本公约缔约国同意不故意采取任何可能直接或间接损害第一条和第二条中提及的位于本公约其他缔约国领土内的文化遗产和自然遗产的措施。

第七条 为实现本公约的宗旨,世界文化遗产和自然遗产的国际保护应被理解为建立一个旨在支持本公约缔约国保存和确定这类遗产的努力的国际合作和援助系统。

Ⅲ. 保护世界文化遗产和自然遗产政府间委员会

第八条 (一)在联合国教育、科学及文化组织内,现建立一个保护具有突出的普遍价值的文化遗产和自然遗产的政府间委员会,称为"世界遗产委员会"。委员会由联合国教育、科学及文化组织大会常会期间召集的本公约缔约国大会选出的15个缔约国组成。委员会成员国的数目将自本公约至少在40个缔约国生效后的大会常会之日起增至21个。

(二)委员会委员的选举须保证均衡地代表世界的不同地区和不同文化。

(三)国际文物保存与修复研究中心(罗马中心)的一名代表、国际古迹遗址理事会的一名代表,以及国际自然及自然资源保护联盟的一名代表,可以咨询者身份出席委员会的会议。此外,应联合国教育、科学及文化组织大会常会期间参加大会的本公约缔约国提出的要求,其他具有类似目标的政府间或非政府组织的代表亦可以咨询者身份出席委员会的会议。

第九条 (一)世界遗产委员会成员国的任期自当选之应届大会常会结束时起至应届大会后第三次常会闭幕时止。

(二)但是,第一次选举时指定的委员中,有1/3的委员的任期应于当选之应届大会后第一次常会闭幕时截止;同时指定的委员中,另有1/3的委员的任期应于当选之应届大会后第二次常会闭幕时截止。这些委员由联合国教育、科学及文化组织大会主席在第一次选举后抽签决定。

(三)委员会成员国应选派在文化或自然遗产方面有资历的人员担任代表。

第十条 (一)世界遗产委员会应通过其议事规则。

(二)委员会可随时邀请公共或私立组织或个人参加其会议,以就具体问题进行磋商。

(三)委员会可设立它认为为履行其职能所需的咨询机构。

第十一条 (一)本公约各缔约国应尽力向世界遗产委员会递交一份关于本国领土内适于列入本条第(二)款所述《世界遗产目录》的组成文化遗产和自然遗产的财产的清单。这份清单不应当看作是详尽无遗的。清单应包括有关财产的所在地及其意义的文献资料。

(二)根据缔约国按照第(一)款规定递交的清单,委员会应制定、更新和出版一份《世界遗产目录》,其中所列的均为本公约第一条和第二条确定的文化遗产和自然遗产的组成部分,也是委员会按照自己制定的标准认为是具有突出的普遍价值的财产。一份最新目录应至少每两年分发一次。

(三)把一项财产列入《世界遗产目录》须征得有关国家同意。当几个国家对某一领土的主权或管辖权均提出要求时,将该领土内的一项财产列入《目录》不得损害争端各方的权利。

（四）委员会应在必要时制定、更新和出版一份《处于危险的世界遗产目录》，其中所列财产均为载于《世界遗产目录》之中、需要采取重大活动加以保护并根据本公约要求需给予援助的财产。《处于危险的世界遗产目录》应载有这类活动的费用概算，并只可包括文化遗产和自然遗产中受到下述严重的特殊危险威胁的财产。这些危险是：蜕变加剧、大规模公共和私人工程、城市或旅游业迅速发展的项目造成的消失威胁；土地的使用变动或易主造成的破坏；未知原因造成的重大变化；随意摈弃；武装冲突的爆发或威胁；灾害和灾变；严重火灾、地震、山崩；火山爆发；水位变动、洪水和海啸等。委员会在紧急需要时可随时在《处于危险的世界遗产目录》中增列新的条目并立即予以发表。

（五）委员会应确定属于文化或自然遗产的财产可被列入本条第（二）和第（四）款中提及的目录所依据的标准。

（六）委员会在拒绝一项要求列入本条第（二）和第（四）款中提及的目录之一的申请之前，应与有关文化或自然财产所在缔约国磋商。

（七）委员会经与有关国家商定，应协调和鼓励为拟订本条第（二）和第（四）款中提及的目录所需进行的研究。

第十二条　未被列入第十一条第（二）和第（四）款提及的两个目录的属于文化或自然遗产的财产，决非意味着在列入这些目录的目的之外的其他方面不具有突出的普遍价值。

第十三条　（一）世界遗产委员会应接收并研究本公约缔约国就已经列入或可能适于列入第十一条第（二）和第（四）款中提及的目录的本国领土内成为文化或自然遗产的财产，要求国际援助而递交的申请。这种申请的目的可以是保证这类财产得到保护、保存、展出或恢复。

（二）当初步调查表明有理由进行深入的时候，根据本条第（一）款中提出的国际援助申请还可以涉及鉴定哪些财产属于第一条和第二条所确定的文化或自然遗产。

（三）委员会应就对这些申请所需采取的行动做出决定，适当时应确定其援助的性质和程度，并授权以它的名义与有关政府做出必要的安排。

（四）委员会应制定其活动的优先顺序并在进行这项工作时应考虑到需予保护的财产对世界文化遗产和自然遗产各具的重要性、对最能代表一种自然环境或世界各国人民的才华和历史的财产给予国际援助的必要性、所需开展工作的迫切性、受到威胁的财产所在的国家现有的资源，特别是这些国家利用本国手段保护这类财产的能力大小。

（五）委员会应制定、更新和发表已给予国际援助的财产目录。

（六）委员会应就根据本公约第十五条设立的基金的资金使用问题做出决定。委员会应设法增加这类资金，并为此目的采取一切有益的措施。

（七）委员会应与拥有与本公约目标相似的目标的国际和国家级政府组织和非政府组织合作。委员会为实施其计划和项目，可约请这类组织，特别是国际文物保存与修复研究中心（罗马中心）、国际古迹遗址理事会和国际自然及自然资源保护联盟，并可约请公共和私立机构及个人。

（八）委员会的决定应经出席及参加表决的委员的 2/3 多数通过。委员会委员的多数构成法定人数。

第十四条　（一）世界遗产委员会应由联合国教育、科学及文化组织总干事任命组成的一个秘书处协助工作。

（二）联合国教育、科学及文化组织总干事应尽可能充分利用国际文物保存与修复研究中心（罗马中心）、国际古迹遗址理事会和国际自然及自然资源保护联盟在各自职权能力范围内提供的服务，为委员会准备文件资料，制定委员会会议议程，并负责执行委员会的决定。

Ⅳ. 保护世界文化遗产和自然遗产基金

第十五条 （一）现设立一项保护具有突出的普遍价值的世界文化遗产和自然遗产基金，称为"世界遗产基金"。

（二）根据联合国教育、科学及文化组织《财务条例》的规定，此项基金应构成一项信托基金。

（三）基金的资金来源应包括：

1. 本公约缔约国义务捐款和自愿捐款。
2. 下列方面可能提供的捐款、赠款或遗赠：
（1）其他国家；
（2）联合国教育、科学及文化组织、联合国系统的其他组织（特别是联合国开发计划署）或其他政府间组织；
（3）公共或私立团体或个人。
3. 基金款项所得利息。
4. 募捐的资金和为本基金组织的活动的所得收入。
5. 世界遗产委员会拟订的基金条例所认可的所有其他资金。

（四）对基金的捐款和向委员会提供的其他形式的援助只能用于委员会限定的目的。委员会可接受仅用于某个计划或项目的捐款，但以委员会业已决定实施该计划或项目为条件。对基金的捐款不得带有政治条件。

第十六条 （一）在不影响任何自愿补充捐款的情况下，本公约缔约国同意，每两年定期向世界遗产基金纳款，本公约缔约国大会应在联合国教育、科学及文化组织大会届会期间开会确定适用于所有缔约国的一个统一的纳款额百分比。缔约国大会关于此问题的决定，须由未作本条第（二）款中所述声明的、出席及参加表决的缔约国的多数通过。本公约缔约国的义务纳款在任何情况下都不得超过对联合国教育、科学及文化组织正常预算纳款的1%。

（二）然而，本公约第三十一条或第三十二条中提及的国家均可在交存批准书、接受书或加入书时声明不受本条第1段规定的约束。

（三）已作本条第（二）款中所述声明的本公约缔约国可随时通过通知联合国教育、科学及文化组织总干事收回所作声明。然而，收回声明之举在紧接的一届本公约缔约国大会之日以前不得影响该国的义务纳款。

（四）为使委员会得以有效地规划其活动，已作本条第（二）款中所述声明的本公约缔约国应至少每两年定期纳款，纳款不得少于它们如受本条第（一）款规定约束所须交纳的款额。

（五）凡拖延交付当年和前一日历年的义务纳款或自愿捐款的本公约缔约国，不能当选为世界遗产委员会成员，但此项规定不适用于第一次选举。

属于上述情况但已当选委员会成员的缔约国的任期，应在本公约第八条第（一）款规定

的选举之时截止。

第十七条　本公约缔约国应考虑或鼓励设立旨在为保护本公约第一条和第二条中所确定的文化遗产和自然遗产募捐的国家、公共及私立基金会或协会。

第十八条　本公约缔约国应对在联合国教育、科学及文化组织赞助下为世界遗产基金所组织的国际募款运动给予援助。它们应为第十五条第(三)款中提及的机构为此目的所进行的募款活动提供便利。

V．国际援助的条件和安排

第十九条　凡本公约缔约国均可要求对本国领土内组成具有突出的普遍价值的文化或自然遗产的财产给予国际援助。它在递交申请时还应按照第二十一条规定提交所拥有的并有助于委员会做出决定的情报和文件资料。

第二十条　除第十三条第(二)款、第二十二条3项和第二十三条所述情况外，本公约规定提供的国际援助仅限于世界遗产委员会业已决定或可能决定列入第十一条第(二)和第(四)款中所述目录的文化遗产和自然遗产的财产。

第二十一条　(一)世界遗产委员会应制定对向它提交的国际援助申请的审议程序，并应确定申请应包括的内容，即打算开展的活动、必要的工程、工程的预计费用和紧急程度以及申请国的资源不能满足所有开支的原因所在。这类申请须尽可能附有专家报告。

(二)对因遭受灾难或自然灾害而提出的申请，由于可能需要开展紧急工作，委员会应立即给予优先审议，委员会应掌握一笔应急储备金。

(三)委员会在做出决定之前，应进行它认为必要的研究和磋商。

第二十二条　世界遗产委员会提供的援助可采取下述形式：

1. 研究在保护、保存、展出和恢复本公约第十一条第(二)和第(四)款所确定的文化遗产和自然遗产方面所产生的艺术、科学和技术性问题；

2. 提供专家、技术人员和熟练工人，以保证正确地进行已批准的工程；

3. 在各级培训文化遗产和自然遗产的鉴定、保护、保存、展出和恢复方面的工作人员和专家；

4. 提供有关国家不具备或无法获得的设备；

5. 提供可长期偿还的低息或无息贷款；

6. 在例外并具有特殊原因的情况下提供无偿补助金。

第二十三条　世界遗产委员会还可向培训文化或自然遗产的鉴定、保护、保存、展出和恢复方面的各级工作人员和专家的国家或地区中心提供国际援助。

第二十四条　在提供大规模的国际援助之前，应先进行周密的科学、经济和技术研究。这些研究应考虑采用保护、保存、展出和恢复自然遗产和文化遗产方面最先进的技术，并应与本公约的目标相一致。这些研究还应探讨合理利用有关国家现有资源的手段。

第二十五条　原则上，国际社会只担负必要工程的部分费用。除非本国资源不许可，受益于国际援助的国家承担的费用应构成用于各项计划或项目的资金的主要份额。

第二十六条　世界遗产委员会和受援国应在它们签订的协定中，确定关于获得根据本公约规定提供的国际援助的计划或项目的实施条件。接受这类国际援助的国家应负责按照协定制定的条件，对如此卫护的财产继续加以保护、保存和展出。

Ⅵ. 教育计划

第二十七条 （一）本公约缔约国应通过一切适当手段，特别是教育和宣传计划，努力增强本国人民对本公约第一条和第二条中确定的文化和自然遗产的赞赏和尊重。

（二）缔约国应使公众广泛了解对这类遗产造成威胁的危险和为履行本公约进行的活动。

第二十八条 接受根据本公约提供的国际援助的缔约国应采取适当措施，使人们了解接受援助的财产的重要性和国际援助所发挥的作用。

Ⅶ. 报告

第二十九条 （一）本公约缔约国在按照联合国教育、科学及文化组织大会确定的日期和方式向该组织大会递交的报告中，应提供有关它们为实施本公约所通过的立法和行政规定以及采取的其他行动的情况，并详述在这方面获得的经验。

（二）应提请世界遗产委员会注意这些报告。

（三）委员会应在联合国教育、科学及文化组织大会的每届常会上递交一份关于其活动的报告。

Ⅷ. 最后条款

第三十条 本公约以阿拉伯文、英文、法文、俄文和西班牙文拟订，五种文本同一作准。

第三十一条 （一）本公约应由联合国教育、科学及文化组织会员国根据各自的宪法程序予以批准或接受。

（二）批准书或接受书应交联合国教育、科学及文化组织总干事保存。

第三十二条 （一）所有非联合国教育、科学及文化组织会员的国家，经该组织大会邀请均可加入本公约。

（二）向联合国教育、科学及文化组织总干事交存加入书后，加入方才有效。

第三十三条 本公约须在第 20 份批准书、接受书或加入书交存之日的 3 个月之后生效，但这仅涉及在该日或该日之前交存各自批准书、接受书或加入书的国家。就任何其他国家而言，本公约应在这些国家交存其批准书、接受书或加入书的 3 个月之后生效。

第三十四条 下述规定适用于拥有联邦制或非单一立宪制的本公约缔约国：

1. 在联邦或中央立法机构的法律管辖下实施本公约规定的情况下，联邦或中央政府的义务应与非联邦国家的缔约国的义务相同；

2. 在无须按照联邦立宪制采取立法措施的联邦各个国家、地区、省或州的法律管辖下实施本公约规定的情况下，联邦政府应将这些规定连同其应予通过的建议一并通知各个国家、地区、省或州的主管当局。

第三十五条 （一）本公约缔约国均可废弃本公约。

（二）废弃通告应以一份书面文件交存联合国教育、科学及文化组织的总干事。

（三）公约的废弃应在接到废约通告书 12 个月后生效。废弃在生效日之前不得影响退约国承担的财政义务。

第三十六条 联合国教育、科学及文化组织总干事应将第三十一条和第三十二条规定交存的所有批准书、接受书或加入书以及第三十五条规定的废弃等事项通告本组织会员国、第三十二条中提及的非本组织会员的国家以及联合国。

第三十七条 （一）本公约可由联合国教育、科学及文化组织的大会修订。但任何修

订只对将成为修订公约的缔约国具有约束力。

（二）如大会通过一项全部或部分修订本公约的新公约，除非新公约另有规定，本公约应从新的修订公约生效之日起停止批准、接受或加入。

第三十八条　按照《联合国宪章》第一百零二条，本公约须应联合国教育、科学及文化组织总干事的要求在联合国秘书处登记。

第二节　世界遗产标志和联合国教科文组织世界遗产委员会

一、世界遗产标志

世界遗产的标志为：

1978年，在华盛顿召开的世界遗产委员会第二届大会上，采用了由米歇尔·奥利夫（Michel Olyff，比利时著名图像设计师）设计的世界遗产标志。这个标志表现了文化与自然遗产之间的相互依存关系：代表大自然的圆形与人类创造的方形紧密相连。标志是圆形的，代表世界的形状，同时也是保护的象征。标志象征《保护世界文化和自然遗产公约》（以下简称《公约》），体现缔约国共同遵守《公约》，同时也表明了列入《世界遗产名录》中的遗产。它与公众对《公约》的了解相互关联，是对《公约》可信度和威望的认可。总之，它是《公约》所代表的世界性价值的集中体现。

世界遗产委员会决定，由米歇尔·奥利夫设计的该标志可采用任何颜色或尺寸，主要取决于具体用途、技术许可和艺术考虑。标志上必须印有"WORLD HERITAGE"（英语"世界遗产"），"PATRIMOINE MONDIAL"（法语"世界遗产"），"PATRIMONIO MUNDIAL"（西班牙语"世界遗产"）的字样。但各国在使用该标志时，可用自己本国的语言来代替"PATRIMONIO MUNDIAL"（西班牙语"世界遗产"）字样，英语、法语保持原样。

为了保证标志尽可能地引人注目，同时避免误用，1998年在日本京都召开的世界遗产委员会第二十二届大会上，通过了《世界遗产标志使用指南和原则》。尽管《公约》中并未提到标志，但是自1978年标志正式通过以来，委员会一直推广采用标志，用以标示受《公约》保护并列入《世界遗产名录》的遗产。世界遗产委员会负责决定世界遗产标志的使用，同时也负责制定如何使用标志的政策规定。按照委员会于2002年在布达佩斯召开的第二十六届世界遗产大会上的要求，世界遗产标志、"世界遗产"名字本身，以及它所有的派生词都已根据《保护工业产权巴黎公约》第 6 条进行了注册而受到保护。标志还有筹集基金的潜力,可以用于提高相关产品的市场价值。在使用标志的过程中,要注意在以下两者之间保持平衡,即在正确使用标志推进《公约》目标的实现、在世界范围内最大限度地普及《公约》知识与预防不正确、不适当以及未经授权、出于商业或其他目的滥用标志之间保持平衡。《世界遗产标志使用指南和原则》,以及质量控制的模式不应成为推广活动开展合作的障碍。负责审定标志使用的权威机构,在做出决定时需要有所权衡和参照。

二、世界遗产委员会

在联合国教育、科学及文化组织内,建立了文化遗产和自然遗产的政府间委员会,即世界遗产委员会。

世界遗产委员会成立于 1976 年 11 月,由 21 名成员组成,负责《保护世界文化和自然遗产公约》的实施,21 个成员由 182 个缔约国选举产生。

委员会每年召开一次会议,主要决定哪些遗产可以录入《世界遗产名录》,截至 2013 年,名录上有 981 项世界遗产;对已列入名录的世界遗产的保护工作进行监督指导。委员会成员每届任期 6 年,每两年改选其中的三分之一。委员会内由 7 名成员构成世界遗产委员会主席团,主席团每年举行两次会议,筹备委员会的工作。

世界遗产委员会于 2001 年年底做出决定:全世界每年入选世界遗产项目总数为 30 个,每个国家每年最多只能有一处入选。在 2004 年于中国苏州召开的第二十八届世界遗产大会上,又调整为一国一年可以申报两项世界遗产(但至少一项是自然遗产),提名总数也增至 45。

三、我国与世界遗产委员会

1985 年 11 月 22 日,第六届全国人民代表大会常务委员会第十三次会议决定:批准联合国教育、科学及文化组织大会第十七届会议于 1972 年 11 月 16 日在巴黎通过的《保护世界文化和自然遗产公约》。

1999 年 10 月 29 日,中国当选为世界文化与自然遗产委员会成员。

2003 年 10 月,在《公约》缔约国第十四届大会上,章新胜代表中国当选为世界遗产委员会主席。

第二十八届世界遗产大会于 2004 年 6 月 28 日在中国江苏省苏州市召开,此次大会的口号是"保护世界遗产,促进共同发展"。章新胜担任第二十八届世界遗产大会主席。同时,第二十八届世界遗产委员会会议在苏州开幕。

第三节 《世界文化遗产保护管理办法》及其在我国的实施情况

一、文化部公布《世界文化遗产保护管理办法》

《世界文化遗产保护管理办法》已于 2006 年 11 月 14 日经文化部部务会议审议通过,并自公布之日起施行。全文如下:

世界文化遗产保护管理办法

第一条 为了加强对世界文化遗产的保护和管理,履行对《保护世界文化与自然遗产公约》的责任和义务,传承人类文明,依据《中华人民共和国文物保护法》制定本办法。

第二条 本办法所称世界文化遗产,是指列入联合国教科文组织《世界遗产名录》的世界文化遗产和文化与自然混合遗产中的文化遗产部分。

第三条 世界文化遗产工作贯彻保护为主、抢救第一、合理利用、加强管理的方针,确保世界文化遗产的真实性和完整性。

第四条 国家文物局主管全国世界文化遗产工作,协调、解决世界文化遗产保护和管理中的重大问题,监督、检查世界文化遗产所在地的世界文化遗产工作。

县级以上地方人民政府及其文物主管部门依照本办法的规定,制定管理制度,落实工作措施,负责本行政区域内的世界文化遗产工作。

第五条 县级以上地方人民政府应当将世界文化遗产保护和管理所需的经费纳入本级财政预算。

公民、法人和其他组织可以通过捐赠等方式设立世界文化遗产保护基金,专门用于世界文化遗产保护。世界文化遗产保护基金的募集、使用和管理,依照国家有关法律、行政法规和部门规章的规定执行。

第六条 国家对世界文化遗产保护的重大事项实行专家咨询制度,由国家文物局建立专家咨询机制开展相关工作。

世界文化遗产保护专家咨询工作制度由国家文物局制定并公布。

第七条 公民、法人和其他组织都有依法保护世界文化遗产的义务。

国家鼓励公民、法人和其他组织参与世界文化遗产保护。

国家文物局、县级以上地方人民政府及其文物主管部门应当对在世界文化遗产保护中作出突出贡献的组织或者个人给予奖励。

省级文物主管部门应当建立世界文化遗产保护志愿者工作制度,开展志愿者的组织、指导和培训工作。

第八条 世界文化遗产保护规划由省级人民政府组织编制。承担世界文化遗产保护规划编制任务的机构,应当取得国家文物局颁发的资格证书。世界文化遗产保护规划应当明确世界文化遗产保护的标准和重点,分类确定保护措施,符合联合国教科文组织有关世界文化遗产的保护要求。尚未编制保护规划,或者保护规划内容不符合本办法要求的世界文化遗产,应当自本办法施行之日起1年内编制、修改保护规划。

世界文化遗产保护规划由省级文物主管部门报国家文物局审定。经国家文物局审定的世界文化遗产保护规划,由省级人民政府公布并组织实施。世界文化遗产保护规划的要求,应当纳入县级以上地方人民政府的国民经济和社会发展规划、土地利用总体规划和城乡规划。

第九条 世界文化遗产中的不可移动文物,应当根据其历史、艺术和科学价值依法核定公布为文物保护单位。尚未核定公布为文物保护单位的不可移动文物,由县级文物主管部门予以登记并公布。

世界文化遗产中的不可移动文物,按照《中华人民共和国文物保护法》和《中华人民共和国文物保护法实施条例》的有关规定实施保护和管理。

第十条 世界文化遗产中的文物保护单位,应当根据世界文化遗产保护的需要依法划定保护范围和建设控制地带并予以公布。保护范围和建设控制地带的划定,应当符合世界文化遗产核心区和缓冲区的保护要求。

第十一条 省级人民政府应当为世界文化遗产作出标志说明。标志说明的设立不得对世界文化遗产造成损害。

世界文化遗产标志说明应当包括世界文化遗产的名称、核心区、缓冲区和保护机构等内容,并包含联合国教科文组织公布的世界遗产标志图案。

第十二条 省级人民政府应当为世界文化遗产建立保护记录档案,并由其文物主管部门报国家文物局备案。

国家文物局应当建立全国的世界文化遗产保护记录档案库,并利用高新技术建立世界文化遗产管理动态信息系统和预警系统。

第十三条 省级人民政府应当为世界文化遗产确定保护机构。保护机构应当对世界文化遗产进行日常维护和监测,并建立日志。发现世界文化遗产存在安全隐患的,保护机构应当采取控制措施,并及时向县级以上地方人民政府和省级文物主管部门报告。

世界文化遗产保护机构的工作人员实行持证上岗制度,主要负责人应当取得国家文物局颁发的资格证书。

第十四条 世界文化遗产辟为参观游览区,应当充分发挥文化遗产的宣传教育作用,并制定完善的参观游览服务管理办法。

世界文化遗产保护机构应当将参观游览服务管理办法报省级文物主管部门备案。省级文物主管部门应当对世界文化遗产的参观游览服务管理工作进行监督检查。

第十五条 在参观游览区内设置服务项目,应当符合世界文化遗产保护规划的管理要求,并与世界文化遗产的历史和文化属性相协调。

服务项目由世界文化遗产保护机构负责具体实施。实施服务项目,应当遵循公开、公平、公正和公共利益优先的原则,并维护当地居民的权益。

第十六条 各级文物主管部门和世界文化遗产保护机构应当组织开展文化旅游的调查和研究工作,发掘并展示世界文化遗产的历史和文化价值,保护并利用世界文化遗产工作中积累的知识产权。

第十七条 发生或可能发生危及世界文化遗产安全的突发事件时,保护机构应当立即采取必要的控制措施,并同时向县级以上地方人民政府和省级文物主管部门报告。省级文物主管部门应当在接到报告2小时内,向省级人民政府和国家文物局报告。

省级文物主管部门接到有关报告后,应当区别情况决定处理办法并负责实施。国家文物局应当督导并检查突发事件的及时处理,提出防范类似事件发生的具体要求,并向各世界文化遗产所在地省级人民政府通报突发事件的发生及处理情况。

第十八条 国家对世界文化遗产保护实行监测巡视制度,由国家文物局建立监测巡视机制开展相关工作。

世界文化遗产保护监测巡视工作制度由国家文物局制定并公布。

第十九条 因保护和管理不善,致使真实性和完整性受到损害的世界文化遗产,由国家文物局列入《中国世界文化遗产警示名单》予以公布。

列入《中国世界文化遗产警示名单》的世界文化遗产所在地省级人民政府,应当对保护和管理工作中存在的问题提出整改措施,限期改进保护管理工作。

第二十条 违反本办法规定,造成世界文化遗产损害的,依据有关规定追究责任人的责任。

第二十一条 列入《中国世界文化遗产预备名单》的文化遗产,参照本办法的规定实施保护和管理。

第二十二条 本办法自公布之日起施行。

二、《世界文化遗产保护管理办法》在我国的实施情况

(一)我国世界文化遗产保护管理的总体情况

从文化部颁布了《世界文化遗产保护管理办法》以来,我国开始对世界文化遗产和列入《中国世界文化遗产预备名单》的文物保护项目实行监测巡视制度。因保护不善,致使世界文化遗产的价值和真实性与完整性受到威胁的世界文化遗产项目,将被国家文物局列入《中国世界文化遗产警示名单》予以公布。2006年12月,国家文物局又颁布了《中国世界文化遗产监测巡视管理办法》,进一步明确了对世界文化遗产的监测程序、职责和内容,规范了进行监测的行为。目前,我国已经建立了国家级、省级和遗产地级的三级监测体系,国家文物局进行的主动性监测和反应性监测越来越多。这些保护管理措施,对我国世界文化遗产的有效保护发挥了积极的作用。

联合国教科文组织曾于1994年委派专家小组来我国,对1987年首批列入《世界遗产名录》的长城、明清故宫、周口店北京人遗址、秦始皇陵、莫高窟等5处世界文化遗产进行了实地监测考察,之后又不断地对我国新的世界遗产项目进行监测和多次的专业考察。联合国教科文组织对我国世界遗产项目的保护工作给予了充分的肯定。到目前为止,我国的世界遗产尚没有一项列入濒危名录,也没有被除名的危险,但这并不能说明我们的世界遗产保护工作已做得非常好,我们需要改进和努力的地方依然很多。

(二)我国世界文化遗产保护管理中暴露出的一些问题

总体看来,虽然我国现已成为世界遗产第二大国,但我国在世界文化遗产保护管理中还存在一些问题,诸如:缺少对世界文化遗产的管理经验和保护技术储备,遗产地政府重利用而轻保护,对遗产地周边环境的过度商业性开发、多头管理,依法对世界遗产保护缺少法律依据等,这些问题应该引起重视。

2004年6月28日至7月7日,在中国苏州举行的第二十八届世界遗产大会上,我国的布达拉宫、明清皇宫、武当山古建筑群、苏州古园林等4处世界文化遗产被列入评估名单。2007年6月23日至7月3日,在新西兰"花园城市"基督城举行的第三十一届世界遗产大会上,中国被黄牌警告的5处世界文化遗产分别是明清故宫、天坛、颐和园、丽江古城、布达拉宫,世界遗产大会要求中国在本次大会上就这5个项目的管理中出现的问题做出解释。

世界文化遗产保护的关键和重点,一是保护遗产自身的真实性与完整性;二是保护遗产及周边环境的整体性。我国的这些世界文化遗产在保护管理中存在的主要问题有:

明清故宫周边的建筑生态环境越来越与故宫的明清建筑风格不协调;故宫、天坛、颐和园的大修不应该改变遗产的原始风貌,应尽可能使用原材料并维持建筑原本结构进行修复,同时加入风险防范、旅游管理的整体规划。

丽江古城的纳西族居民在近10年间从原来的4万人左右减少到几千人,大多数原住居民

搬离了古城,代之的是成千上万的游客。许多商业街区店铺的经营者都是外地人。到了晚上,满街的大红灯笼和酒吧掩盖了古城的原有风貌。这些都影响了该处世界遗产的真实性与完整性,使世界遗产原本的真实性变了味。丽江古城在开发旅游项目的同时,应采取相应的措施,保持该处世界遗产和周围环境的完整性,按照传统建筑方法保存当地居民的房屋。

布达拉宫应重新对遗产边界作界定,扩大布达拉宫、罗布林卡、大昭寺的缓冲区;同时还需要对拉萨城市规划方案进行修改,以尽量完整地保存古城的原貌。

另外,武当山遇真宫主殿被焚毁,苏州拙政园周边兴建博物馆等,这些都应当引起相关部门的高度重视,把对世界遗产的保护管理工作落到实处。

第四节 苏州古典园林监测工作规范

为确保对世界文化遗产——苏州古典园林的监测工作顺利而有效地实施,2008年1月,苏州市园林和绿化管理局制定并发布《世界文化遗产——苏州古典园林监测工作规范》作为单位规范性文件,规范对苏州古典园林世界文化遗产的监测工作。全文如下:

《苏州古典园林监测工作规范》的主要内容

一、监测依据

苏州古典园林监测依据的有关法规、文件有:《保护世界文化及自然遗产公约》及其《操作指南》、《国际古迹保护与修复宪章》、《中华人民共和国文物保护法》、《中华人民共和国文物保护法实施条例》、《中国文物古迹保护准则》、《古迹、建筑群和遗址的记录准则》、《建筑遗产分析、保护和结构修复准则》、《江苏省文物保护条例》、《江苏省历史文化名城名镇保护条例》、《苏州市古建筑保护条例》、《苏州园林保护和管理条例》、《苏州市古树名木保护管理条例》、《苏州市历史文化名镇保护办法》、《苏州市古建筑抢修保护实施细则》、《苏州市城市紫线管理办法》、《西安宣言——关于古建筑、古遗址和历史区域周边环境的保护》。

二、监测机构和职能

《苏州古典园林监测工作规范》要求建立二级监测体系并负责其职能。

(一)苏州市世界文化遗产古典园林保护监管中心负责世界文化遗产——苏州古典园林监测工作的业务指导、统筹协调、监测预警、保护评估。

(二)各世界文化遗产——苏州古典园林均为独立的监测点,各管理处要落实分管领导和责任部门及专职人员,负责本单位的监测。

三、监测范围和内容

(一)监测范围

1. 列入《世界遗产名录》的九个古典园林。

2. 其他古典园林(参照)。

(二)监测内容

各监测点须根据各世界文化遗产——苏州古典园林的特点,对照以下各类监测内容,确定本监测点的具体监测内容。

根据世界遗产本体各相关要素,确定监测内容,具体要素如下:

监测要素类别	监测要素名称	监测要素分类	监测要素内容
A类	建筑物	A-1	厅、堂、轩、馆
		A-2	楼、阁
		A-3	榭、舫
		A-4	亭
		A-5	廊
		A-6	墙
B类	构筑物	B-1	假山
		B-2	石峰
		B-3	花台
		B-4	桥
		B-5	铺地
		B-6	小品
C类	陈设	C-1	凳、椅
		C-2	几、案、台、桌
		C-3	炕、床(榻)
		C-4	挂件(宫灯、匾、对、挂屏)
		C-5	摆件(供石、瓷器、铜器、座屏、钟)
		C-6	字画
		C-7	摩崖石刻
		C-8	书条石、碑刻
D类	植物	D-1	古树名木
		D-2	景观植物
		D-3	盆景
E类	环境	E-1	大气
		E-2	气象
		E-3	水质
		E-4	土壤
		E-5	噪音
F类	控制地带		
G类	客流量		
H类	安全措施		
I类	规章制度		
J类	人员技术能力		
K类	文献资料		

四、日常动态监测

（一）监测数据管理

1. 建立数据库

对于有监测对象的基础信息、动态信息、预警信息等资料，均须进行数字化处理，建立健全完备的监测数据库。

2. 对数据库进行管理

建立世界文化遗产——苏州古典园林监测工作网络平台。健全对应的信息流转机制，完善电子分析、监测、应急指挥、业务管理体系。先期阶段可采取手工操作为主与电子化相结合的方法，逐步过渡到以电子化为主的阶段。

（二）日常动态监测

各监测点须建立日常动态监测制度和业务操作规程。

1. 日常监测周期可以分为定期和不定期两类：

（1）定期

A类（建筑物）每半年一次；B类（构筑物）每半年一次；C类（陈设）每季度一次；D类（植物）一个月一次；E类（环境）大气每日一次，气象每天记录，水质每月一次生化指标监测，土壤每年一次，噪音每日一次；F类（控制地带）半年一次；G类（客流量）每日累计；H类（安全措施）每季度一次；I类（规章制度）每季度一次；J类（人员技术能力）每季度一次；K类（文献资料）半年一次。

（2）不定期

遇到特殊情况（如自然灾害、人为因素、生物因素等）须及时监测和记录。

2. 记录制度

各监测点应按规定的周期开展实时监测/定期监测的日常工作，并确保做好完整的日常记录，确保记录的质量和更新；针对具体监测对象、监测项目、报送形式、上传对象规范记录上报日志和报表的内容格式，说明监测手段和数据来源。

还应根据监测对象不同，制定不同的采样周期和报送周期，明确正常情况、异常情况和特殊情况的界限，并制定发生各类变故与事故的相应管理措施和解决办法；规定文件档案数据的报告、保管和存档办法。

五、预警制度

（一）保养维修

保养和维修的目的是保证世界文化遗产——苏州古典园林保持良好的状况，这一工作应当基于对其真实性和完整性的明确认识和尊重。世界文化遗产——苏州古典园林纳入监测系统后，定期的防护保养至关重要，材料和结构的替换或更新应保持在合理的最小的程度，其日常维护、保养、变更，均须报局审批，经局相关部门（规划处、园管处、遗产保护办公室）统一意见后实施。

（二）重建

对重建项目须特别严谨和谨慎。在特许情况下，才可有选择地对个别建筑在原址上进行重建。

重建项目须依据确凿的史料，须经专家组确定，确保重建项目真实可靠。

在档案资料或实物遗存资料信息不充足或不完整的情况下，不考虑重建，避免破坏现

存的历史文脉,防止伪造历史园林环境和景观。

（三）预警

世界文化遗产——苏州古典园林监测内容一旦发生变化,须及时填写预警通知书报苏州市世界文化遗产古典园林保护监管中心。监管中心会同局有关业务部门、有关专家及时审查、批复,并由业务主管部门制订修复、抢修方案;若涉及文物法规定的重大维修项目,应由局按规定及时逐级上报文物部门审批。

（四）突发事件预案

各监测站须结合监测,制订各项突发事件预案,经局安保业务部门批准,纳入监测体系。

六、监测标准

（一）苏州园林监测标准制定的原则

监测标准要坚持世界遗产真实性、完整性的原则,尤其要重视信息来源的可靠性和真实性。文物建筑与各类文物本身作为信息的来源,具有根本的重要性,体现在诸如形式与设计、原料与材料、用途与功能、位置与环境等因素中。任何维修与修复的目的应是保持这些信息来源的真实性完好无损。

（二）苏州园林监测标准的制定与分类

针对苏州古典园林的特点,参照国家有关标准,制定符合苏州园林监测要求的技术标准,主要分类有:木结构、砖结构、油漆彩绘、假山、峰石、家具、植物、土壤、大气、水体、气温、湿度、游客量等。

七、考核制度

（一）建立日常监督机制

建立相应的信息管理和信息反馈机制,作为苏州市园林和绿化管理局日常监督各世界文化遗产——苏州古典园林管理处保护管理的制度和工作内容之一,纳入管理考核内容。

（二）完善管理制度

每年第四季度起,苏州市园林和绿化管理局对各单位《世界文化遗产——苏州古典园林管理动态信息系统和监测预警系统工作规范》的实施情况进行考核。各单位须向苏州市世界文化遗产古典园林保护监管中心递交年度监管报告。苏州市世界文化遗产古典园林保护监管中心汇总后向局报告,并递交国家有关部门,抄报联合国教科文组织世界遗产中心。

（三）实施奖励和警告

对考核合格的世界文化遗产——苏州古典园林监测站给予表扬,对先进单位实施精神和物质奖励;对考核不合格的监测站,视情给予批评、或警告、或严重警告等处分。

（四）各单位须建立监测系统档案和台账

档案资料应有基础数据、动态数据、分析报告、评估报告,配以图纸、照片和绘图等形象资料;修复资料中应包括所有的报批手续文件、修复过程中每个阶段情况、使用材料和方法情况,最后的验收报告以及相关的总结、研究和成果。档案资料正本存放局档案室,副本存放原址单位。

第二章 中国的世界遗产与保护

本章提要与学习重点

本章介绍了截至2013年,我国被列入《世界遗产名录》的45处遗产中的曲阜孔庙、孔府、孔林,承德避暑山庄和周围寺庙,苏州古典园林,平遥古城,丽江古城,天坛,颐和园,皖南古村落——西递、宏村,澳门历史城区,杭州西湖文化景观等10处世界文化遗产或文化景观遗产的主要价值、特征、内容;分析梳理了这10处世界遗产在风景园林专业设计方面值得学习或借鉴的主要遗产价值;综述了我国世界遗产保护的立法现状和管理体制现状及我国世界遗产保护中存在的主要问题;提出了我国在世界遗产保护方面需要解决的主要问题。

风景园林专业设计,从根本上说,是文化在特定的空间载体上,依据和选择园林要素与材料,通过特定空间景物构象的布局与设计,营造出特定实景空间,引导至某相关联的虚景空间,来表现造园家设定的、具有鲜明时代特征或民族优秀传统精神的特定主题的一种表现形式。优秀的风景园林设计师需要有宽厚的优秀民族传统文化和当今各种先进文化的广泛背景基础,才能在特定的设计需要时,产生特定的设计灵感。

我国的世界文化遗产代表了我国优秀传统文化的精髓,我们应当从其中吸收丰富的设计营养和设计灵感。如天坛文化遗产,古人是通过哪些设计方法或手段,在"坛"这个空间载体上,完美地表现出"天"这个我国传统文化和人文主题的?皖南古村落——西递、宏村文化遗产,西递、宏村那种内外环境的和谐、静谧、祥和,有一种让人把自己焦躁的心,安心地放置在那儿的"中国画中乡村"或"桃花源里人家"的意境。这种意境是由哪些要素、因素构成的?在时空布局上有哪些特点?风景园林设计师应该从中获取哪些主题构思和设计方法手段的营养?

第一节 我国世界遗产保护现状

一、我国世界遗产现状

1985年11月22日,第六届全国人民代表大会常务委员会第十三次会议批准申请加入《世界遗产公约》,我国成为缔约国,标志着我国从此正式加入《保护世界文化和自然遗产

公约》。

1987年12月,我国成功申报第一批世界文化遗产,共6项:周口店北京人遗址、莫高窟、泰山、长城、秦始皇陵、明清故宫。

截至2013年,我国拥有的世界遗产数量位列世界第二,为45项。意大利拥有世界遗产49项,位列世界第一。西班牙拥有世界遗产44项,位列世界第三。在我国拥有的45处世界遗产中,文化遗产是27处(表1),自然遗产是10处(表2),文化与自然双重遗产是4处(表3),世界文化景观遗产4处(表4)。

表1 我国27处世界文化遗产名称和遗产地

序号	世界文化遗产名称	世界文化遗产地	序号	世界文化遗产名称	世界文化遗产地
1	周口店北京人遗址	北京市房山区	15	大足石刻	重庆市大足县
2	莫高窟	甘肃省敦煌市	16	皖南古村落——西递、宏村	安徽省黄山市黟县
3	秦始皇陵	陕西省临潼县	17	明清皇陵	湖北省的钟祥市、遵化市、易县
4	长城	山海关——嘉峪关	18	龙门石窟	河南省洛阳市
5	明清故宫	北京市中心	19	青城山和都江堰	四川省都江堰市
6	武当山古建筑群	湖北省丹江口市	20	云冈石窟	山西省大同市
7	曲阜孔庙、孔府、孔林	山东省曲阜市	21	高句丽王城、王陵及贵族墓葬	吉林省集安市和辽宁省桓仁县
8	承德避暑山庄及周围寺庙	河北省承德市	22	澳门历史城区	澳门特别行政区
9	拉萨布达拉宫和大昭寺	西藏自治区拉萨市	23	殷墟	河南省安阳市
10	苏州古典园林	江苏省苏州市	24	开平碉楼与村落	广东省开平市
11	平遥古城	山西省晋中市平遥县	25	福建土楼	福建省的永定县、南靖县、华安县
12	丽江古城	云南省丽江纳西族自治县	26	登封"天地之中"古建筑群	河南省登封市
13	天坛	北京市	27	元上都遗址	内蒙古自治区锡林郭勒盟正蓝旗和多伦县
14	颐和园	北京市			

表 2　我国 10 处世界自然遗产名称和遗产地

序号	世界文化遗产名称	世界文化遗产地
1	九寨沟风景名胜区	四川省阿坝藏族羌族自治州南坪县
2	黄龙风景名胜区	四川省阿坝藏族羌族自治州松潘县
3	武陵源风景名胜区	湖南省张家界市
4	三江并流	云南省的丽江市、迪庆藏族自治州、怒江傈僳族自治州
5	四川大熊猫栖息地	四川省阿坝州汶川县
6	中国南方喀斯特	云南省石林彝族自治县、贵州荔波、重庆市武隆区
7	三清山国家公园	江西省上饶市
8	中国丹霞	福建泰宁、湖南崀山、广东丹霞山、江西龙虎山（龟峰）、浙江江郎山、贵州赤水
9	澄江化石遗址	云南省玉溪市澄江县
10	新疆天山	新疆维吾尔自治区

表 3　我国 4 处世界文化和自然双重遗产

序号	世界文化遗产名称	世界文化遗产地	序号	世界文化遗产名称	世界文化遗产地
1	泰山	山东省泰安市	3	峨眉山和乐山大佛	四川省乐山市、峨眉山市
2	黄山	安徽省黄山市	4	武夷山	福建省武夷山市

表 4　我国 4 处世界文化景观遗产

序号	世界文化遗产名称	世界文化遗产地	序号	世界文化遗产名称	世界文化遗产地
1	庐山国家公园	江西省九江市	3	杭州西湖文化景观	浙江省杭州市
2	五台山	山西省忻州市	4	红河哈尼梯田	云南省红河州元阳县

二、我国世界文化遗产与风景园林专业设计

（一）曲阜孔庙、孔府、孔林（Temple and Cemetery of Confucius and the Kong Family Mansion in Qufu）

1. 曲阜孔庙、孔府、孔林文化遗产简介

世界遗产委员会评价：孔子是公元前 6 世纪到公元前 5 世纪中国春秋时期伟大的哲学家、政治家和教育家。孔夫子的庙宇、墓地和府邸位于山东省的曲阜。孔庙是公元前 478 年为纪念孔夫子而兴建的，千百年来屡毁屡建，到今天已经发展成超过 100 座殿堂的建筑群。孔林里不仅容纳了孔夫子的坟墓，而且他的后裔中有超过 10 万人也葬在这里。当初小小的孔宅如今已经扩建成一个庞大显赫的府邸，整个宅院包括了 152 座殿堂。曲阜的古建筑群之所以具有独特的艺术和历史特色，应归功于 2000 多年来中国历代帝王对孔夫子的大力推崇。

1994 年 12 月 12 日至 17 日，在泰国普吉岛举行的联合国教科文组织世界遗产委员会

第十八届会议上,曲阜孔庙、孔林、孔府作为世界文化遗产被列入《世界遗产名录》。

孔庙、孔林、孔府位于中国北部山东省的曲阜市,又被合称为"三孔"。"三孔"是包括孔子及其后裔的宗庙、墓地和宅邸在内,总占地面积约3500余亩,拥有近千间建筑的庞大建筑群。

孔庙位于曲阜市南门内,是奉祀孔子的庙宇。曲阜孔庙是祭祀孔子的本庙,是分布在中国、朝鲜、日本、越南、印度尼西亚、新加坡、美国等国家的2000多座孔子庙的先河和范本。据称,孔庙始建于公元前478年,最初仅"庙屋三间",后来经过历代的不断兴建,发展成拥有各种建筑100余座、460余间,占地面积约9.5万平方米的庞大建筑群。孔庙是中国现存规模仅次于故宫的古建筑群,堪称中国古代大型祠庙建筑的典范。

孔林又称"至圣林",位于曲阜城北1千米,是孔子及其后裔的家族墓地,前后延续使用了约2500年,共计有孔氏子孙墓十余万座。孔林占地约2平方千米,林门以长达1266米的神道与北城门相连,神道平直如矢,两侧桧柏夹侍,庄严肃穆。

孔府又称"衍圣公府",位于曲阜东华门大街1号孔庙的东侧,是孔子嫡长孙居住的府第。孔府始建于宋金时期(公元12—13世纪),明洪武十年(公元1377年)建府于今址。孔府是典型的封建贵族地主庄园,占地面积约4.9万平方米,有各类楼房厅堂共480余间。

孔府是衙宅合一、园宅结合的范例,官衙和住宅建在一起,是一座典型的封建贵族庄园,衙署大堂用于接受皇帝颁发的圣旨,或处理家族内事务。孔府后院有一座花园,幽雅清新,布局别具匠心,可称园林佳作,也是园宅结合的范例。孔府藏有大量的历史档案、传世文物、历代服饰和用具等,都极其珍贵。

2. 曲阜孔庙、孔府、孔林文化遗产与风景园林专业设计

我国古典园林理景的文化渊源源于儒、道、释文化。孔子是儒学的创始人,儒学文化博大精深,2000多年来影响着我国社会的方方面面,尤其是对我国古典文人园林营建的影响极其深远。苏州古典园林拙政园中许多景点的创意和立意都是儒学文化和农耕文化融合的结晶,如远香堂、待霜亭、玉兰堂、得真亭、倚玉轩等景点的立意都源于儒学学说思想,并通过我国农耕文化对荷香、柑橘、白玉兰、松柏、竹等植物物性的理解,以这些植物景的营造为设计创意和立意表达的载体,实现了我国古典文人园林营造的景、景境、意境、心境的完美统一,成为我国江南文人园林的代表。

可见,要想真正领悟我国文人园林景点创意和立意中蕴含的我国传统文人君子品行及其文化,必须要对以孔子为代表的儒学思想和学说有一个基本了解和体会。而山东曲阜孔庙是祭祀孔子的本庙,是分布在中国、朝鲜、日本、越南、印度尼西亚、新加坡、美国等国家的2000多座孔子庙的先河和范本。该处文化遗产对学习和从事风景园林专业设计者而言,当然是体会和领悟我国传统儒学的最佳场所。而且,孔庙是中国现存规模仅次于故宫的古建筑群,堪称中国古代大型祠庙建筑的典范,对研究和掌握我国古代大型祠庙建筑的布局、空间围合与开合特点、建筑风格、图纹样式与载体、祠庙绿地系统设计艺术与手法等,都大有裨益,能很好地发挥世界文化遗产的原真性作用。具备了这些知识背景,对承担并完成祠庙绿地系统类园林项目是非常有益的。

陵园是园林绿地系统的类型之一。这一绿地系统设计的主要目标和立意是庄严、肃穆、静谧、安详,让逝者安息,让生者缅怀。但这一绿地系统究竟如何规划、设计才能表现出其庄严、肃穆、静谧、安详的景境和意境来?除了在种植设计过程中多采用松、柏类树种外,

恐怕还有许多艺术手法需要研究、传承、总结、应用。孔林墓地正是研究和传承具有我国传统民族特色的墓地、陵园类型绿地系统规划设计手法的极好范本。

孔府世界文化遗产，对于研究我国封建社会衙、宅、园合一的综合类空间类型，在功能上的合分，在空间上的布局、围合的手法特点，具有无可替代的作用。尽管我们今天已很少会做类似衙宅合一类的项目，苏州古典园林也大多是宅园结合类型，但孔府遗产仍然是研究我国封建贵族庄园在布局与设计上的特点的一处难得的好范本。

（二）承德避暑山庄和周围寺庙（The Mountain Resort and its Outlying Temples, Chengde）

1. 承德避暑山庄和周围寺庙文化遗产简介

世界遗产委员会评价：承德避暑山庄，是清王朝的夏季行宫，位于河北省境内，修建于公元1703年到1792年。它是由众多的宫殿以及其他处理政务、举行仪式的建筑构成的一个庞大的建筑群。建筑风格各异的庙宇和皇家园林同周围的湖泊、牧场和森林巧妙地融为一体。避暑山庄不仅具有极高的美学研究价值，而且还保留着中国封建社会发展末期的罕见的历史遗迹。

1994年12月12日至17日，在泰国普吉岛举行的联合国教科文组织世界遗产委员会第十八届会议上，承德避暑山庄和周围寺庙作为世界文化遗产被列入《世界遗产名录》。

承德避暑山庄，又称"热河行宫"，坐落于中国北部河北省承德市中心以北的狭长谷地上，占地面积5.84平方千米。避暑山庄始建于清康熙四十二年（公元1703年），雍正（公元1723—1736年在位）时代一度暂停营建，清乾隆六年（公元1741年）到乾隆五十七年（公元1792年）又继续修建，增加了乾隆（公元1736—1796年在位）三十六景和山庄外的外八庙。整个避暑山庄的营建历时近90年。这期间清王朝国力兴盛，能工巧匠云集于此。康熙五十年，康熙帝（公元1662—1723年在位）还亲自在山庄午门上题写了"避暑山庄"门额。避暑山庄主要分为宫殿区和苑景区两部分。宫殿区位于山庄南部，宫室建筑林立，布局严整，是紫禁城的缩影。包括正宫、松鹤斋、万壑松风和东宫四组建筑。苑景区又分湖泊区、平原区和山岳区。

避暑山庄是中国清朝的园林式皇宫，是中国清朝的第二个政治中心。避暑山庄及周围寺庙历经康雍乾三代帝王，历时89年，集中全国人力物力建造而成。它是帝王苑囿与皇家寺庙建筑经验的结晶。园林建造实现了"宫"与"苑"形式上的完美结合和"理朝听政"与"游息娱乐"功能上的高度统一。它继承和发展了中国古典园林"以人为之美入自然，符合自然而又超越自然"的传统造园思想，总结并创造性地运用了各种造园素材、造园技法，使其成为自然山水园与建筑园林化的杰出代表。

2. 承德避暑山庄和周围寺庙文化遗产与风景园林专业设计

避暑山庄文化遗产作为园林式皇宫，集中代表了我国清王朝时期帝王苑囿的规划设计理念与自然山水园相结合的造园艺术和方法。避暑山庄苑景区位于宫殿区之后，包括三个大景区：湖泊景区、平原景区、山岳景区，三者成鼎足而立的布列。

湖泊景区的主体是人工开凿的湖泊。整个湖泊是一个以洲、岛、桥、堤划分为若干个水域的大水面，面积约0.43平方千米。湖泊景区的自然景观是开阔深远与含蓄曲折兼而有之，虽为人工开凿，但水面形状、堤的走向、岛的布列、水域的深度等都经过精心设计，配以园林树木，宛若天成地就。水面景区的处理都以江南水乡河湖作为创作的蓝本，设计推敲极其精致而又不落斧凿之痕，完全达到了"虽由人作，宛自天成"的境界，通体显示出浓郁的

江南水乡情调,尺度十分亲切近人,是北方皇家园林中理水的上品之作。湖泊景区面积不到全园的六分之一,却集中了全园一半以上的建筑,是避暑山庄的精华所在。该景区以"金山亭"为总揽全局的重点,以"如意洲"作为景区的建筑中心。其中"金山亭"在景区内发挥了重要的"点景"和"观景"作用,是景区内主要的成景对象和许多风景画面的构图中心,还与山岳景区的"南山积雪"、"北枕双峰"遥相呼应形成对景,登阁环眺,能观赏到以湖泊为近景的大幅度横向展开犹如长卷的风景画面,仿佛江南的"北固烟云"、"海口风月"皆归一览。整个湖泊景区内的建筑布局都能够恰当而巧妙地与水域的开、合、聚、散相呼应,洲、岛、桥、堤和园林树木的障、隔、通、透结合起来产生步移景异的效果。另外,利用在时间上的连续观赏过程来加强园林的艺术感染力,这在其他大型园林中也是常用的处理方法。但避暑山庄的湖泊景区的规划更注重创设明确的游动观赏路线,通过起、承、开、合及对比、透景、障景等的经营,来构成各景点之间的渐进序列,是园林规划的定观组景与动观组景相结合,以及点、线、面相结合的杰出一例。

平原景区南临湖、西北依山。山的雄浑、湖的婉约、平原的开旷,三者在景观上形成强烈的对比。平原景区建有用于观水赏林的四个亭:莆田丛樾、濠濮间想、莺啭乔木、水流云在。园内最高的建筑是永佑寺舍利塔(建于乾隆十六年,1751)。该塔高耸挺秀的体型北依蓝天、西枕青山,作为湖泊、平原二景区南北纵深尽端收束处的一个重要景点,其位置的安排非常恰当。植物景观有"万树园",其中麋鹿成群于林间。位于平原区西半部的"试马埭"是一片如茵的草毡,表现塞外草原的粗犷风光。它与南面湖泊景区的江南水乡的婉约情调并存于一园之内,这种特殊的景观设计有着"移天缩地在君怀"的明显政治意图,即便在皇家园林中也是罕见的例子。在乾、嘉时期,皇帝经常在万树园召见蒙古、西藏宗教领袖进行政治活动,这里也成为当时的政治中心之一。

山岳景区面积占全园的三分之二。该景区峰峦涌叠,形成起伏连绵的轮廓线,以其浑厚优美的山形而形成绝好的观赏对象。建筑的布置也相应地不求其显但求其隐,不求其密集但求其疏朗,以突出山桩天然野趣的主调。其中显露的四处建筑(南山积雪、北枕双峰、四面云山、锤峰落照)均以亭子的形式建置在峰头。小园林中以"碧静堂"和"秀起堂"代表了"依山就势、巧于因借"设计和我国传统的山地建筑艺术的高水平。

避暑山庄苑景区把帝王苑囿的设计理念融入自然山水园之中的主要艺术手法表现在以下三个方面:

第一,湖泊景区具有浓郁的江南情调,平原景区宛若塞外景观,山岳景区象征北方的名山。这种移天缩地、融冶荟萃了我国南北风景于一园的大手笔正是"普天之下,莫非王土"的帝王思想在苑囿景区规划设计中的表现,这是我国封建帝王政治理念与苑景相结合的完美案例。

第二,园内外浑然一体的大环境寓意着以清王朝为中心的多民族大帝国缩影,象征寓意如同圆明园。这种作为民族团结和国家统一的象征的创作意图借助于造园的规划设计加以体现,并与园林景观完美地结合起来。这种形式的造园,在清代皇家诸园中,算得上表现最突出和成功的一例。

第三,建筑风格各异的庙宇与皇家园林同周围的湖泊、牧场和森林巧妙地融为一体,使建筑风格各异的庙宇既成了山岳景区内隐约可见的景点,也让庙宇有了天然的"自古名山多古刹"的传统古刹外环境。所以山庄内的8所主要寺、观中,7所都选址布局建置在山岳景区内的幽谷深壑的隐蔽地段。

(三) 苏州古典园林(The Classical Gardens of Suzhou)

1. 苏州古典园林文化遗产简介

世界遗产委员会评价:没有哪些园林比历史名城苏州的四大园林更能体现出中国古典园林设计的理想品质。咫尺之内再造乾坤,苏州园林被公认是实现这一设计思想的典范。这些建造于16—18世纪的园林,以其精雕细琢的设计,折射出中国文化中取法自然而又超越自然的深邃意境。

1997年12月1日至6日,在意大利那不勒斯举行的联合国教科文组织世界遗产委员会第二十一届会议上,苏州古典园林中的拙政园、留园、网师园、环秀山庄作为苏州古典园林的典型例证,被列入《世界遗产名录》。

2000年11月27日至12月2日,在澳大利亚凯恩斯举行的联合国教科文组织世界遗产委员会第二十四届会议上,苏州古典园林中的沧浪亭、狮子林、艺圃、耦园、退思园作为扩展项目,被列入《世界遗产名录》。现在苏州共有9处古典园林成为世界文化遗产。古典私家园林被列入《世界遗产名录》,这充分说明苏州古典私家文人园林深邃的造园艺术和精湛的园林营造手法得到了世界的认同。

苏州是中国著名的历史文化名城,苏州古典园林历史绵延2000余年,在世界造园史上有其独特的历史地位和价值,有"江南园林甲天下,苏州园林甲江南"的美称。根据记载,苏州园林是文化意蕴深厚的"文人写意山水园"。古代的造园者都有很高的文化修养,能诗善画,造园时多以画为本,以诗为题,通过凿池堆山、栽花种树,创造出具有诗情画意的景观,构成"无声的诗,立体的画"。园林中的一景一物表达了园主的情趣、理想和追求,在园林中游赏,犹如在品诗,又如在赏画。其中沧浪亭、狮子林、拙政园和留园分别代表着宋(公元960—1278年)、元(公元1271—1368年)、明(公元1368—1644年)、清(公元1644—1911年)四个朝代的艺术风格,被称为苏州"四大名园",网师园也颇负盛名。这些园林以写意山水的高超艺术手法,蕴含浓厚的传统思想文化内涵,展示东方文明的造园艺术典范,实为中华民族的艺术瑰宝。作为苏州古典园林典型例证的拙政园、留园、网师园和环秀山庄,产生于苏州私家园林发展的鼎盛时期,以其深远的意境、精致的结构、高雅的艺术品位、丰富的文化内涵而成为苏州众多古典园林的典范。

苏州古典园林的历史可上溯至公元前6世纪春秋时吴王的苑囿,私家园林最早见于记载的是东晋(4世纪)的辟疆园,历代造园兴盛,名园日益增多。明清时期,苏州成为中国最繁华的地区,私家园林遍布古城内外,16—18世纪全盛时期,苏州有园林200余处,现在保存尚好的有数十处,并因此使苏州素有"人间天堂"的美誉。

2. 苏州古典园林文化遗产与风景园林专业设计

中国古典园林设计的理想品质是什么?实现这一理想品质的设计路径、手法有哪些?这些理想品质与设计路径、手法,对我们今天设计园林项目有何意义?这些问题既极难回答,同时也是每一位学习和从事风景园林专业的人需要认真思考和体会的问题。因为,它既是专业的根本问题,也是专业的基本问题;既涉及对园林的评价标准和设计目标,也涉及具体项目设计的方法和手段;既涉及对民族园林精髓的继承,也涉及在传承基础上的创新。

苏州古典园林设计的理想品质主要表现在设计立意之高,这种立意来源于中华民族几

千年来,历代文人君子所体现的思想品格,这些思想品格是华夏文化之根,是中华民族之魂,是中国人民代代相传的智慧的结晶。她源于儒、道、释文化的精髓,又借儒、道、释文化传播为载体,深深扎根于民众的心,培育了一代又一代仁人志士、文人君子。这些立意被古代造园家创造性地用于合适的空间载体,以园林要素材料设计营建园内实景,巧借自然万象和传统文化为虚景,在咫尺之内再造乾坤,表达立意,实现了景境、意境、心境的完美统一。如此之高的造园艺术和手段,当然不是一般人的设计水平能够轻易达到的。其中有许多营造艺术与手法,需要在实践中不断地体会领悟才能化为己有,应用自如。苏州古典园林中的拙政园、留园、网师园、环秀山庄、沧浪亭、狮子林、艺圃、耦园、退思园等设计立意非常丰富,造园手法多样,设计构思严谨,设计路径缜密,表现手法精湛。对于从事风景园林设计的人而言,世界文化遗产中的任何一处苏州古典园林,只要真正体会领悟其中的景点立意、表现路径、切入点与出口、实景、虚景、景境、心境,对于提升对中国古典园林的理解和设计能力都大有益处。

苏州古典园林设计的理想品质还表现在设计过程的精雕细琢。每个景点立意的选择与确定,立意表达的合适载体,立意表达路径的切入点与出口,营造立意的实景及与之相呼应的虚景等逻辑性极强而缜密,几乎达到了顺理成章的程度。

苏州古典园林设计的理想品质还表现在设计手法的多样性。"咫尺天地,再造乾坤"是指造园家在有限的私家园林时空内,通过有限和合适的实景的营造,让人联想到有限时空之外的与之相关联的山水万物、自然万象、千年往事。这其实仅是"小中见大"的营造手法。

"小中见大"是苏州古典园林设计常用的手法之一,"开门见山"、"欲扬先抑"、"藏与露"、"实与虚"、"借景"、"隔景"、"障景"、"对比"、"衬托"、"聚"、"散"、"曲"、"层次"等都是苏州古典园林在设计上的表现手法。苏州古典园林在设计上到底有多少种手法,恐怕无人能准确说出,但几乎达到了"见招拆招"的娴熟程度。这里的"见招",是指设计中遇到的需要解决的问题;这里的"拆招",是指针对需要解决的问题,总能找到合适的方法与路径。

苏州古典园林设计的理想品质还表现在设计的意境深邃上。园林意境为何物?意境本身就是一个不易理解和把握的东西,它是造园家设计构思过程中的产物,既看不到,也摸不着,但它却真实地存在于苏州古典园林某一景点的景境之中。赏园者只能结合个人经历、生平、专业等,在赏景的过程中去体会它的存在,当然也就同时体会出造园家的立意用心了。所以,我们常说的"景因境活,境因景存"也就是这个道理。

(四) 平遥古城 (The Ancient City of Ping Yao)

1. 平遥古城文化遗产简介

世界遗产委员会评价:平遥古城是中国境内保存最为完整的一座古代县城,是中国汉民族城市在明清时期的杰出范例,在中国历史的发展中,为人们展示了一幅非同寻常的文化、社会、经济及宗教发展的完整画卷。

1997年12月1日至6日,在意大利那不勒斯举行的联合国教科文组织世界遗产委员会第二十一届会议上,平遥古城作为世界文化遗产被列入《世界遗产名录》。

平遥古城位于山西省中部,是一座具有2700多年历史的文化名城。古城始建于公元前827年—前782年间的周宣王时期,为西周大将尹吉甫驻军于此而建。自公元前221年,秦朝政府实行"郡县制"以来,平遥城一直是县治所在地,延续至今。平遥古城历尽沧桑、几经变迁,成为国内现存最完整的一座明清时期中国古代县城的原型。

迄今为止,古城的城墙、街道、民居、店铺、庙宇等建筑仍然基本完好,原来的形式和格局大体未动,它们同属平遥古城现存历史文物的有机组成部分。

平遥有三宝,即古城墙、镇国寺、双林寺。平遥古城素有"中国古建筑的荟萃和宝库"之称,文物古迹保存之多、品位之高实为国内所罕见。平遥古城历史悠久,文物古迹众多。它完整地体现了 17 至 19 世纪的历史面貌,是明清建筑艺术的历史博物馆。其古建筑及文物古迹,在数量和品位上均属国内罕见,对研究中国古代城市变迁、城市建筑、人类居住形式和传统文化的发展具有极为重要的历史、艺术、科学价值。平遥古城众多的文化遗存,不仅代表了中国古代城市在不同历史时期的建筑形式、施工方法和用材标准,也反映了中国古代不同民族、不同地域的艺术进步和美学成就。

2. 平遥古城文化遗产与风景园林专业设计

古城、古镇既是历史印迹,又是民族发展与文明的佐证。一方面,由于历史的原因和城镇化进程,得以完整保存、有综合文化遗产价值的古城镇已不多见;另一方面,即便是在市场经济的大潮中,文化遗产价值高的古城镇仍然显现其勃勃生机和商机,如安徽黄山的老街、苏州的同里、湖南的凤凰古城等都在保护中得到了发展。所以,现在不少地方又热衷于重修古城墙、恢复古商业街等城市建设。但特定时期的历史建筑、绿地系统有其特定的建筑形式、施工方法和用材标准,这些形式、方法、标准只能真实地保存在特定时期的古代城镇原型中。平遥古城文化遗产提供了汉民族城市在明清时期古代县城的城墙、街道、民居、店铺、庙宇等的形式、方法、标准。建议风景园林专业的学生和从业者,对平遥古城文化遗产提炼、积累下列专业素材,以便为项目设计所用。

(1) 我国明清时期汉民族县城的城墙。这类素材包括:古城墙的结构单元,如城门、女墙、附属设施等的结构与尺度,门楼的建筑风格,城墙砖的泥质、尺寸、色泽、砌筑技术与方式、辅助材料等。

(2) 我国明清时期汉民族县城的街道。街道铺地的材质与施工方式、地下排水系统与构造、街道两侧建筑风格、街道的规划结构如何满足当时人们的主要生活功能等。

(3) 我国明清时期汉民族县城的民居。该时期汉民族民居布局结构是如北京的"四合院",还是如皖南民居,还是如现存的一些乡村古村落民居?要真正掌握并理解我国明清时期汉民族民居布局、结构、功能,必须对像平遥古城那样现存最完整的一座明清时期中国县城原型进行调研,获得第一手资料、图纸、数据等,才能在承担类似项目的古民居改造、修葺、重建中,真正保持原来的古民居风貌,而不是外表上的修旧如旧。

(4) 我国明清时期汉民族县城的店铺。店铺是我国古代县城商业的重要窗口。由于我们今天的商业运行模式和人们的生活节奏与方式已发生了很大的改变,今天的人们已很难想象古代县城商业街店面的营业方式和繁华场景,有些也只能借助《清明上河图》中绘出的场景加以想象。而平遥古城保持原貌的街面店铺,仍然在其历史痕迹中保留明清时期古代县城商业运作的模式和街道商业繁华的点点滴滴。这些点点滴滴,正是设计师在设计今天的仿古商业街店面的细微之处需要表现和突出的传统印记,因为它是对那个遥远时代保留下来的最原真、最直接,往往也是最震撼的历史印迹的传承。

(5) 我国明清时期汉民族县城的庙宇。庙宇既是佛教建筑类型,也是我国历史社会的一个类型。不同历史时期的庙宇有着不同建筑风格,我国明清时期汉民族县城的庙宇风格、组件、结构、尺度、材质等有哪些特征?对风景园林专业而言,庙宇绿地系统的规划、布

局、设计的特点和风格是什么？对于这些问题，我们知道的并不太多。我们今天设计庙宇绿地系统，突出静谧、安详、淡泊、超然，植物系统强调配置银杏、松、竹、荷、桂花等，只不过是对佛教文化的表面了解；就专业设计而言，也只不过是把这种表面的了解转化为某种表面的设计方式。庙宇绿地系统空间类型究竟如何规划设计？除了深入研究佛教文化精髓之外，从保持原真性的平遥古城庙宇绿地系统中领悟其设计艺术与表现手法，是一条有效、直接的途径。

风格、材质、标准是风景园林专业的从业者在从事仿古园林项目设计，或古城、古街区、古村落修葺、改造项目中最值得关注的设计指标。它们存在于哪里？又如何才能有效获取？其实，它们就蕴含在特定历史时期的文化遗产中，平遥古城就是明清时期汉民族县城城墙、街道、民居、店铺、庙宇等的风格、材质、标准的原型。

（五）丽江古城（The Old Town of Lijiang）

1. 丽江古城文化遗产简介

世界遗产委员会评价：古城丽江把经济和战略重地与崎岖的地势巧妙地融合在一起，真实、完美地保存和再现了古朴的风貌。古城的建筑历经无数朝代的洗礼，饱经沧桑，它融汇了各个民族的文化特色而声名远扬。丽江还拥有古老的供水系统，这一系统纵横交错、精巧独特，至今仍在有效地发挥着作用。

1997年12月1日至6日，在意大利那不勒斯举行的联合国教科文组织世界遗产委员会第二十一届会议上，丽江古城作为世界文化遗产被列入《世界遗产名录》。

丽江古城位于中国西南部云南省的丽江纳西族自治县。丽江古城又名大研镇，坐落在丽江坝中部，它是中国历史文化名城中唯一没有城墙的古城，始建于宋末元初（公元13世纪后期）。古城地处云贵高原，海拔2400余米，全城面积达3.8平方千米，自古就是远近闻名的集市和重镇。古城现有居民6200多户，25000余人。其中，纳西族占总人口绝大多数，有30%的居民仍在从事以铜银器制作、皮毛皮革加工、纺织、酿造为主的传统手工业和商业活动。

丽江古城是历史悠久和文化灿烂的名城，也是中国罕见的保存相当完好的少数民族古城，包容着丰富的民族传统文化，集中体现了纳西民族的兴旺与发展，是研究人类文化发展的重要史料。

古城建设崇自然、求实效、尚率直、善兼容的可贵特质更体现了特定历史条件下的城镇建筑中所特有的人类创造精神和进步意义。

2. 丽江古城文化遗产与风景园林专业设计

丽江古城是中国历史文化名城中唯一没有城墙的古城，也是一座以纳西族为主的少数民族古城，历史悠久、文化灿烂。从风景园林专业设计的角度出发，应该关注该处文化遗产是如何把"崇自然"、"求实效"、"尚率直"、"善兼容"的理念体现在古城的规划、建设、发展、保护之中的。

（1）丽江古城"崇自然"的可贵特质在城镇规划设计上主要表现在：

① 古城的规划与布局：古城依托三山而建，西有狮子山，北有象山、金虹山。四周苍翠的青山，把紧连成片的古城紧紧环抱。古城的规划布局，背西北而向东南，避开了雪山寒气，接引东南暖风，巧妙地利用了地形，藏风聚气，与大自然形成了有机的统一。

② 古城的纳西民居建筑群选址与布局：古城地处丽江坝，选址北靠象山、金虹山，西靠

狮子山,东西两面开朗辽阔。城内,从象山山麓流出的玉泉水从古城的西北湍流至玉龙桥下,并由此分成西河、中河、东河三条支流,再分成无数股支流穿流于古城内各街巷。利用这种有利的自然条件,古城街道不拘一格地工整而自由布局,主街傍河,小巷临渠,道路随着水渠的曲直而延伸,房屋就着地势的高低而组合。

③ 兴文巷一带民居建筑群布局:河水从民居建筑穿墙通过,东家进、西家出,形成水流落差,潺潺的水流之声不绝于耳,犹如置身于林泉之中,水上人家。

(2) 丽江古城"求实效"的可贵特质在民居建筑风格和功能上主要表现在:

大研古镇的民居建筑基本保留了明清时的建筑特色,并糅入汉、白、藏等民族的建筑长处,吸取其他民族的建筑精华,形成了具有创造性和民族特色的建筑风格。其最大的特色在于,虽无统一的模式,却功能齐全、因地制宜,在房屋抗震、遮阳、防雨、通风、装饰等方面形成了自己的鲜明特色。

(3) 丽江古城"尚率直"的可贵特质在街道地面铺装和民居建筑风格上主要表现在:

新华街是丽江最早的茶马古道,北出中甸,自古以来是进藏马帮的出入之道,其路面铺垫的青石板呈竖状铺设。古城人的率直与好客,引来商贾云集,从路面石板的铺装和被踏平的石板地就可窥见一斑。

古城民居房屋多是土木结构,青瓦铺顶,建筑风格朴实、造型简朴。在青灰色总基调中,墙面或木制门窗却巧妙地融入了橙红色。这种民居的总体色调处理,含蓄中透射出率直与热情,也与古城地处云贵明快的高原环境相适宜。

(4) 丽江古城"善兼容"的可贵特质在古城布局、设计上主要表现在:

城中无规整的道路网,无森严的城墙,古城布局依三山为屏、以一川相连;水系设置三河穿城、家家流水;街道布局"曲、幽、窄、达";建筑物依山就水、错落有致。白沙民居建筑群分布在一条南北走向的主轴上,中心(四方街)为一个梯形广场,从四方街四角延伸出四大主街:光义街、七一街、五一街、新华街,又从四大主街岔出众多街巷。民居铺面沿街设立,一股清泉由北面引入广场,西有西河,东为中河。古城充分利用泉水之便,使玉河水在城中一分为三,三分成九,再分成无数条水渠。主街傍河、小巷临渠,使古城清净而充满生机。这些都显现出极高的兼容性。

丽江古城"善兼容"的可贵特质还表现在对民族传统文化的丰富包容性上。丽江古城已有800多年的历史,逐渐成为滇西北经济文化中心。古城的街道、广场牌坊、水系、桥梁、民居装饰、庭院小品、楹联匾额、碑刻条石,都充分体现出地方宗教、美学、文学等多方面的文化内涵、意境和神韵,展现了历史文化的深厚和丰富内容。

丽江古城把"崇自然"、"求实效"、"尚率直"、"善兼容"的理念细化在古城的选址、规划、布局、建筑、民居、水系、文化、生活、商务等城市建设的分项之中,也把这些理念转化成具体的规划设计表现方式,体现在古城选址、规划、布局、建筑、民居、水系、文化、生活、商务等具体的载体和路径上,并非空洞的概念表述。从中可见,丽江古城的先辈们具有极高的城市建设智慧和经验。我们需要从中学习城市建设从理念、概念到规划、布局,从载体、路径到细化设计,从人居环境到融入山水环境,从民居到文化、生活、商务等的设计智慧。

(六) 天坛(Temple of Heaven)

1. 天坛文化遗产简介

世界遗产委员会评价:天坛建于公元15世纪上半叶,坐落在皇家园林当中,四周古松环

抱,是保存完好的坛庙建筑群,无论在整体布局上还是单一建筑上,都反映出天地之间的关系,而这一关系在中国古代宇宙观中占据着核心位置。同时,这些建筑还体现出帝王将相在这一关系中所起的独特作用。

1998年11月31日至12月5日,在日本京都举行的联合国教科文组织世界遗产委员会第二十二届会议上,天坛作为世界文化遗产被列入《世界遗产名录》。

天坛位于北京天安门的东南,始建于明成祖永乐十八年(公元1420年),原名"天地坛",是明清两代皇帝祭祀天地之神的地方,明嘉靖九年(公元1530年)在北京北郊另建祭祀地神的地坛,此处就专为祭祀上天和祈求丰收的场所,并改名为"天坛"。天坛的建筑设计十分考究,"圜丘"、"祈谷"两坛同建在一个园子内。圜丘坛在南部,是祭祀天神的地方。祈谷坛在北部,是祈求丰收的地方。依照古人的思想观念,认为天地的结构是"天圆地方",因此天坛围墙平面南部为方形,象征地象,北部为圆形,象征天象,此墙俗称"天地墙"。

天坛与故宫同时修建,面积约270万平方米,分为内坛和外坛两部分,主要建筑物都在内坛。南有圜丘坛、皇穹宇,北有祈年殿、皇乾殿,由一座高2.5米、宽28米、长360米的甬道把这两组建筑连接起来。天坛的总体设计,从它的建筑布局到每一个细部处理,都强调了"天"。

天坛从选址、规划、建筑的设计到祭祀礼仪和祭祀乐舞,无不依据中国古代《周易》阴阳、五行等学说,成功地把古人对"天"的认识、"天人关系"以及对上苍的愿望表现得淋漓尽致。各朝各代均建坛祭天,而北京天坛是完整保存下来的仅有一例,是古人的杰作。天坛从总体到局部,均是古建佳作,是工艺精品,极具艺术价值,是华夏民族一个漫长的历史时期思想文化的遗迹和载体。

2. 天坛文化遗产与风景园林专业设计

天坛文化遗产是古代华夏民族把宇宙观中对"天、地、人"的认识,借"天坛"为主题,以建筑为载体的杰作和遗迹,设计手法之精妙、融合艺术之高超无可比拟。风景园林专业设计其实主要是从事人居环境的室外环境设计,领悟天坛文化遗产中古人把对宇宙观中"天、地、人"的认识引入空间设计的方法,对提高从业者的专业设计水平是很有帮助的,应着重领悟以下内容:

中国古代宇宙观认为"天圆地方、天地互通、天人合一"。中国传统文化认为天地的结构是:天是圆的,地是方的。天坛的主建筑祈年殿设计为圆形,而其下的"坛"设计为方形;天坛围墙平面南部为方形,象征地象,北部为圆形,象征天象,该墙俗称"天地墙"。这些设计处理手法巧妙地将抽象的天地结构概念和构象表现为天坛主题景物,将"圆"和"方"两个相关的抽象设计元素统一到"天坛"这一主题景物空间中,使"天圆地方"这一天地的构造构象得到了切合主题的具体表现。

"天地互通、天人感应"也是我国古代宇宙观的重要内容,因此才有天子代表万民在天坛祭祀上天,祈求国泰民安,风调雨顺。那么,天坛在设计手法上是如何表现"天地互通、天人感应"这一抽象概念的呢?天坛在"外坛"和"内坛"之间设有长300多米的高出地面的甬道(海漫大道)。人们登临其上,环顾四周,首先看到的是那广阔的天空和那象征天的祈年殿,一种与天接近的感觉就油然而生,体现了古人认为的到天坛去拜天等于上天,而由人间到天上去的路途非常遥远、漫长。天坛设计表现"天地互通、天人感应"的手法还表现在:位于建筑轴线北部构图中心的祈年殿,体态雄伟,构架精巧,内部空间层层升高、向中心聚拢,外部台基屋檐圆形层层收缩上举,既营造了强烈的向上动感,又使人感到端庄、稳重;同时,色彩对比强烈,而不失协调得体,使人步入坛内如踏祥云登临天界。

"法天象"也是天坛设计表现"天"的另一艺术手法。我国古代有"天有九重"的说法,所以才有唐朝大诗人李白《望庐山瀑布》诗中"飞流直下三千尺,疑是银河落九天"的诗句。"九"这一数字,在天坛设计中也就成了表现天的符号了。所以在圜丘的尺度和构件的数量中,集中并反复使用"九"这个数字,以象征"天"和强调与"天"的联系。还有,天坛祈年殿殿内大柱及开间又分别拟意一年的四季、二十四节气、十二个月和一天的十二个时辰以及象征天上的星座、恒星等,也都是"法天象"在天坛设计中的具体表现手法。

天坛设计中表现我国古代天地宇宙观和法天象的艺术手法,看似偶然,其实是反映了我国古代建筑家有着极深厚的文化背景和专业功底。天坛是华夏祖先智慧的结晶与成果,也是值得今人好好琢磨、体会的难得范本和经典案例。

(七) 颐和园(Summer Palace)

1. 颐和园文化遗产简介

世界遗产委员会评价:北京颐和园始建于公元1750年,1860年在战火中严重损毁,1886年在原址上重新进行了修缮。其亭台、长廊、殿堂、庙宇和小桥等人工景观与自然山峦和开阔的湖面相互和谐、艺术地融为一体,堪称中国风景园林设计中的杰作。

1998年11月31日至12月5日,在日本京都举行的联合国教科文组织世界遗产委员会第二十二届会议上,颐和园作为世界文化遗产被列入《世界遗产名录》。

颐和园是世界著名的皇家园林,它地处北京西北郊外,距京城约15千米,旧称"清漪园",1888年重建,改名"颐和园"。颐和园规模宏大,占地面积达2.93平方千米,主要由万寿山和昆明湖两部分组成。各种形式的宫殿园林建筑3000余间,大致可分为行政、生活、游览三个部分:以仁寿殿为中心的政治活动区,以乐寿堂、玉澜堂和宜芸馆为主体的生活居住区,以万寿山和昆明湖等组成的苑林区。整个景区规模宏大,是集中国园林建筑艺术之大成的杰作。

以仁寿殿为中心的行政区,是当年慈禧太后和光绪皇帝坐朝听政、会见外宾的地方。仁寿殿后是三座大型四合院:乐寿堂、玉澜堂和宜芸馆,分别为慈禧、光绪和后妃们居住的地方。宜芸馆东侧的德和园大戏楼是清代三大戏楼之一。

颐和园自万寿山顶的智慧海向下,由佛香阁、德辉殿、排云殿、排云门、云辉玉宇坊构成了一条层次分明的中轴线。山下是一条长700多米的长廊,长廊枋梁上有彩画8000多幅,号称"世界第一廊"。长廊之前就是碧波荡漾的昆明湖。昆明湖的西堤是仿照西湖的苏堤建造的。

万寿山后山、后湖古木成林,环境幽雅,有藏式寺庙、苏州河古买卖街。后湖东端有仿无锡寄畅园而建的谐趣园,小巧玲珑,被称为"园中之园"。

佛香阁位于万寿山前山中央部位的山腰,建筑在一个高21米的方形台基上,是一座八面三层四重檐的建筑。阁高41米,阁内有8根巨大的铁梨木擎天柱,结构复杂,为古典建筑精品。原阁1860年被英法联军烧毁,1891年(清朝光绪十七年)花了78万两银子重建,1894年竣工,是颐和园里最大的工程。阁内供奉着"接引佛",供皇室在此烧香。

智慧海是万寿山顶最高处一座宗教建筑。建筑外层全部用精美的黄、绿两色琉璃瓦装饰,上部用少量紫色、蓝色的琉璃瓦盖顶,整座建筑显得色彩鲜艳、富丽堂皇。"智慧海"一

词为佛教用语，本意是赞扬佛的智慧如海，佛法无边。该建筑虽极像木结构，但实际上没有一根木料，全部用石砖发券砌成，没有枋檩承重，所以称为"无梁殿"。又因殿内供奉了无量寿佛，所以也称它为"无量殿"。

颐和园艺术构思巧妙，在中外园林艺术史上地位显著，是举世罕见的园林艺术杰作。

2. 颐和园文化遗产与风景园林专业设计

颐和园以万寿山和昆明湖等组成的苑林区分为前山、前湖景区和后山、后湖景区。

前山景区以智慧海、佛香阁、德辉殿、排云殿、排云门、云辉玉宇坊构成一条中轴线，这样的建筑布局规整而气势恢弘，与前湖之昆明湖相呼应。后山、后湖景区有苏州河及两岸风景林带、藏式寺庙、园中园——谐趣园，风景雅致，山林幽静。颐和园的造园艺术和手法，一方面体现出我国传统皇家园林的造园艺术手法，如昆明湖中的"一池三山"布局，应该是在我国传统皇家园林中，最后一处承用该手法；再如，前山景区的建筑布局严紧而规整，也是皇宫和皇家园林建筑常用布局形式。另一方面，巧借了我国江南园林的一些营造手法，如昆明湖水面借助亭、岛、桥、堤对水面进行分隔，使其形成不同的景区空间，但又隔而不断、互为整体，从而不影响昆明湖整体水面的辽阔，与前山、前湖景区的开阔、恢弘相呼应；后山、后湖景区更显得山林幽静、河道悠长，组织了许多安静、祥和的小空间等。从风景园林专业设计角度应着重体会如下造园艺术与手法。

湖中布列着一条长堤——西堤及其支堤，三个大岛——南湖岛、藻鉴堂、治镜阁，三个小岛——小西泠、知春亭、凤凰墩。这种设堤将湖面分隔的手法是以杭州西湖的苏堤为蓝本的。昆明湖水面由西堤及其支堤划分为三个主要水域。最大水域东面水域中的南湖岛以十七孔石拱桥连接东岸。蹬上南湖岛的望蟾阁，可以环眺四面八方之景，尤其是万寿山全景和西面的玉泉山、西山借景。其环眺可尽收眼底的景观气魄之大，犹如长卷山水画，这在清代皇家园林中也是罕见的。昆明湖上三大岛屿鼎列的布局明显地表现出皇家园林"一池三山"的传统模式。如果说两千多年前的西汉的建章宫是中国历史上第一座具备"一池三山"的仙苑式皇家园林，颐和园便是最后一座，也是硕果仅存的一座。

前山中央景区建筑群的五条轴线控制着整个前山建筑布局从严整到自由，从浓密到疏朗的过度、衔接和展开，把散布在前山的所有建筑物统一为一个整体。中央建筑群在立面上形成的近乎等腰三角形的轮廓线显示稳重的感觉。建筑群中的其他一些建筑物或建筑局部也大多控制在一系列的等腰三角形的几何关系之中。这种几何关系是无形的脉络和纽带，把整个建筑群的立面串缀为一个类似金字塔样的稳定的整体，以求得立面形象的庄严性，又创造了寓变化于严谨的造型效果。其中的佛香阁平面呈八角形，外檐四层，内檐三层，高36米，是园内体量最大的建筑物。它巍然雄踞山半，阁尖超过山脊，气宇轩昂，凌驾一切，成为整个前山前湖景区的构图中心。这组建筑的布局形式，既体现出皇家建筑规整、严谨的布局传统，也表现出皇权的气势恢弘、至高无上。

昆明湖东岸建有镇水"铜牛"，与湖西岸的一组大建筑群"耕织图"构成隔水相对之势。这种规划构思再现了西汉武帝在长安上林苑开凿的昆明湖以象天汉、牵牛与织女隔河相望的寓意，源自于古老的天人感应思想和牛郎织女的神话。

昆明湖西岸的景观特色是建筑都隐蔽在水网密布、河道纵横、树木葱郁的自然环境之中，极富江南水乡的情调。乾隆非常喜爱此处景观，称之为"玉带桥边耕织图，织云耕雨学东吴"。

清漪园在景观布局上摹拟杭州的西湖，但摹拟并非简单的抄袭，用乾隆的话说，"略师其意，不舍己之所长"。清漪园的造园手法是如何"略师其意"地吸取杭州西湖风景之精粹，再结合本身的特点而又"不舍己之所长"的呢？以下略加分析。

（1）注重贵在神似而不拘泥于形似的艺术再创造。能结合本身环境的地貌特点和皇家宫苑的要求进行创新。

① 杭州西湖的景观特点：由环湖一周的建筑景点点染而形成犹如长卷展开的大幅烟水迷离的风景画面。景点建筑自由自在、随宜地半藏半露于疏柳淡烟之中，显示人工意匠与天成自然之浑然一体。

② 清漪园的环湖景点布局从湖中的南湖岛开始，过十七孔长桥经东堤北段，折而西经万寿山前山，再转南循西堤而结束于湖南端的秀绮桥，形成一个漫长的螺旋形"景点环带"，犹如一幅连续展开的山水画长卷。在这个环带上的景点建筑或疏朗、或密集，依山面水，各抱地势，长卷画面的通体有起结、有重点、有疏密，呈现起伏跌宕的韵律。景点建筑则以其一系列的显露形象和格律秩序，于天成的自然中更突出人工的匠意经营。

（2）借景之广泛、借景内容之多，在清代的皇家园林诸园中实为首屈一指。

① 西湖湖面三面近山环抱，一面是城市屏障，有一定的内聚性和封闭性。能借到湖外之景的自然山水景观或人造山水景观的资源很少。

② 清漪园的前山、前湖景区则不然，万寿山屏列于北，前湖横枕于南，成北实南虚之势。湖的东面是一望无际的田畴平野；湖的西面水泊连绵直抵玉泉山麓，衬托着更远处的西山群峰。南面和东面的虚景一直往东、往南延伸而消失于天际。景观开度大、外向性强，为园外借景创造了丰富的可借资源。如园外的玉泉山、西山、平畴田野、僧寺村舍、静宜园、静明园、畅春园、圆明园都可成为借景。而且这些可借之景能与园内之景融为一体，嵌合得天衣无缝，是园林运用借景手法的出色范例。

后山即万寿山的北坡，后湖即界于山北麓与北宫墙之间的一条河道。这个景区自然环境的幽闭多于开朗，景观布置和设计以幽邃为基调。主要建筑景观有：位于后山的城关"赤城霞起"、位于须弥灵境的"四色塔"、位于后山西半部的"花承阁"。蕙山园的造园风格是仿江南无锡的寄畅园。这两座园林的理水手法也很相似，都是以水面作为园林中心。连水面的大小和形状都差不多，横跨水面的知鱼桥（蕙山园）与七星桥（寄畅园）的位置、走向亦大致相同。蕙山园建筑疏朗，以山水林木之美取胜，具有明代和清初江南私家园林的典型风格，是当年清漪园内最富于江南情调的园林之一，嘉庆十六年（1811年）改名为"谐趣园"。

后湖的河道婉流于后山的北麓，全长约1000米，用疏浚湖的土方堆筑为北岸的土山，其岸脚凸凹、山势起伏均与南岸的真山取得呼应。利用多处的土方把河道的全程障隔为六段落，每个水面的形状各不相同，但都略近似小湖泊比例。经过这种分段收束、化河为湖的精心改造之后，漫长的河身就能免于僵直单调的感觉，增加了开合变化的趣味。诗人陆游赞赏为"山重水复疑无路，柳暗花明又一村"的意境，在这项水利工程和水上景观上得到了充分的表现。

清漪园在总体规划上着眼于西北郊全局，通过以"三山五园"为主体的大环境来做出通盘考虑和设计安排。三山五园构成的东西向轴线系统把三山五园串缀成整体的园林集群。这样的布局超越了园林的界域，显示了西北郊整体的环境美，同时也为三山五园之间的借

景、彼此成景创造了良好的条件。而最晚建成的清漪园对这个庞大园林集群的有机整体及其环境全局的形成起到了关键性的作用。当时"一园建成,全园皆活"。

(八) 皖南古村落——西递、宏村(Ancient Villages in Southern Anhui—Xidi and Hongcun)

1. 皖南古村落——西递、宏村文化遗产简介

世界遗产委员会评价:西递、宏村这两个传统的古村落在很大程度上仍然保持着那些在20世纪已经消失或改变了的乡村的面貌。其街道的风格、古建筑和装饰物,以及供水系统完备的民居都是非常独特的文化遗存。

2000年11月27日至12月2日,在澳大利亚凯恩斯举行的联合国教科文组织世界遗产委员会第二十四届会议上,皖南古村落——西递、宏村作为世界文化遗产被列入《世界遗产名录》。

西递村始建于北宋,迄今已有950年的历史,为胡姓人家聚居之地。整个村落呈船形,四面环山,两条溪流串村而过,村中街巷沿溪而设,均用青石铺地,整个村落空间自然流畅,动静相宜。街巷两旁的古建筑淡雅朴素、错落有致,又被称为"桃花源里人家"。西递村现存明、清古民居124幢,祠堂3幢,包括凌云阁、刺史牌楼、瑞玉庭、桃李园、东园、西园、大夫第、敬爱堂、履福堂、青云轩、膺福堂等,都堪称徽派古民居建筑艺术之典范。西递村头的三间青石牌坊建于明万历六年(公元1578年),四柱五楼,峥嵘巍峨,结构精巧,是胡氏家族地位显赫的象征。村中有座康熙年间建造的"履福堂",陈设典雅,充满书香气息,厅堂题为"书诗经世文章,孝悌传家根本"、"读书好营商好效好便好,创业难守成难知难不难"的对联,显示出"儒商"本色。村中另一古宅为"大夫第",建于清康熙三十年(公元1691年),为临街亭阁式建筑,原用于观景。门额下有"作退一步想"的题字,语意警醒,耐人咀嚼。西递村中各家各户的宅院都颇为富丽雅致:精巧的花园、黑色大理石制作的门框、漏窗,石雕的奇花异卉、飞禽走兽,砖雕的楼台亭阁、人物戏文,以及精美的木雕、绚丽的彩绘、壁画,都体现了中国古代艺术之精华,为国内古民居建筑群所罕见,是徽派民居中的一颗明珠。

宏村始建于南宋绍熙年间(公元1190—1194年),原为汪姓聚居之地,绵延至今已有800余年。它背倚黄山余脉羊栈岭、雷岗山等,地势较高,经常云蒸霞蔚,有时如浓墨重彩,有时似泼墨写意,真好似一幅徐徐展开的山水长卷,因此被誉为"中国画里的乡村"。

西递、宏村古民居群是徽派建筑的典型代表,现存完好的明清民居440多幢,其布局之工、结构之巧、装饰之美、营造之精为世所罕见。

2. 皖南古村落——西递、宏村文化遗产与风景园林专业设计

西递被称为"桃花源里人家",宏村被誉为"中国画里的乡村"。西递、宏村在村落选址与环境、民居建筑及其装饰与园林、独特的供水系统等方面是如何表现出其"桃花源里人家"和"中国画里的乡村"的呢?我们应该从该处文化遗产中领悟西递、宏村祖先的智慧,将其表现艺术与手法融入当今的古村落修葺或改造实践中去,使我国古村落得以在保护中发展、在发展中传承。

(1) 西递——"桃花源里人家"。

① 村落选址与环境:徽州地处皖南低山丘陵地带,总体地貌特征为群山环绕,川谷崎岖,峰峦掩映。西递古村落的中央处建有胡氏族祠"敬爱堂",这是一座建于明代的砖木徽派古建筑。整个村落以敬爱堂为中心布局设计,前后两条溪流,成弧形绕着敬爱堂而过,曲

折萦回、有条不紊地衬托着上村下村,缓缓地流经家家户户的门前。

② 民居建筑及其装饰与园林:西递的古民居建筑,大多是以内向方形、围绕以长方形天井的合院为基本单元的木构架封闭式砖墙围护的建筑。其内部布局以及装饰则各具匠心,石雕、砖雕、木雕艺术更是巧夺天工、琳琅满目。门场、门罩、漏窗的砖雕、石雕各具神态,无一雷同;窗槛、裙板、阳裙、栏板、窗扇、网格、梁垫、斜撑以至木柱和栏杆的木雕,无不精雕细刻,形态各异,尤以浮雕、透雕技巧更为精湛。大门置以浑厚、稳重的青石门坊,左右两侧壁墙用水磨青砖砌成,白灰压缝,线条明快清晰。讲究的宦官富商人家,侧壁也由青石筑成,显得庄重、富丽。门楼上层是砖砌瓦覆的雨檐,层层挑出,两角翘起。顶端为特制的雕花瓦当和滴水,形成一排整齐的雁齿。此处是徽派砖雕大显身手之处,八字门墙上端所置的砖雕,多为山水花卉、鸟兽人物、戏文传说等图案,与门楼上的各式图案相互映衬,美轮美奂。大门一般漆成黑色,上配以黄铜或铁制的门环。远远望去,白墙之间的青砖青瓦,加之以宽厚的石门坊和黑色的大门,形成一完美的徽派建筑整体。从色调、形体看,均极为端庄稳重。西递古民居的正门至天井的空间部位称为"门厅",它是整套住宅的主体部分,也是民居平面布局上给人以第一印象的建筑艺术空间。门厅由正门、屏风、天井等有机地组合而成,是作为迎送宾客止步之阶,古时迎送宾客到此,便可上轿乘马,所以又称为"轿厅"。

明清时代的西递古村落,民宅装饰豪华,又多建有精美的园林,把民宅与园林结合在一起。几乎家家都布设有庭园,在充满诗情画意、即步可吟的庭园胜景中,园墙景洞、花窗透隔、厅堂连廊等相辅相成,彼此依托,形成"门外青山如屋里,东家流水入西邻"的"天人合一"的格局。各家的庭园有的虽是两户,却以院墙相连,有的虽有一巷之隔,却以漏窗相望,采用"邻借"的手法,引庭外风光于庭中,形成"桃花似火喷墙外,翠绿竹荫借东家"的互生景观。除了采用"邻借"外,还采取"远借"、"仰借"、"因时而借"等手法,在有限的空间中展示无穷的景致。

③ 独特的供水系统:西递是利用天然水系的典范。走近西递,远远地就可以看见参天古林掩映下的庙宇烟火,沿着石板铺就的小路蜿蜒穿行,可见路旁流淌着的淙淙西溪,这里就是西递的水口。西递的水口处,曾建有文昌阁、魁星楼、水口亭、凝瑞堂及多径石拱桥,成为西递古村落的第一道风景线。西递的水口如同古村落的一面照壁,将村内、村外分隔成两大既互为照应、又彼此分开的空间和地域单元,村外(至水口)可谓是"山重水复疑无路",村内则必然是"柳暗花明又一村"了。西递有三条溪水环村而过,金环溪绕村前,后边溪绕村后,前边溪穿过村落中部,缓缓地流过许多人家的门前。村民利用这个天然水系,在溪上架设了许多石板桥,以接通大街小巷和民居宅院。

(2)宏村——"中国画里的乡村"。

① 村落选址与环境:宏村在明清时期还是一个简陋的小山村。它背倚黄山余脉羊栈岭、雷岗山等,羊栈河与西溪汇合,环村西向南入奇墅湖,雷岗山前地势广阔。宏村依山傍水、随坡就势,紫气青霞、云雾静流,是一处难得的山清水秀、安静祥和的中国皖南山区古村落。

② 民居建筑及其装饰与园林:宏村是以村中汪氏的家族总祠"乐叙堂"为中心来规划设计的。这座乐叙堂不仅是供奉祖宗牌位、合族祭祀先祖的祠堂,同时也是全村聚会的场所。乐叙堂建筑规模宏大,仅堂院门楼面积就有 74 平方米。月梁、莲花托雕饰精美,正堂大门为四柱三间五檐贴墙门楼。门楼皆用砖雕装饰,砖雕为双层满雕,工艺精湛。厅堂内宏

梁伟柱,气势轩昂。后部原为二层楼建筑,现已不复存。乐叙堂整体建筑基本保持明代原貌。

在水圳中段有一座徽商豪宅,名承志堂,是清末大盐商汪定贵的私家宅院。整幢建筑里包括了正厅、后厅、左右厢房、书房、娱乐边厅、小姐阁楼、厨房和佣人住房,以及内外庭院、花园等,囊括了徽州古代民居所有功能。外院只有一些石板路和小片竹林、树木。拾级而上是八字门楼,两边立一对石鼓,这座门楼是内外院的分界线。院内有对称的两个花坛,中间石板路直通厅堂正门。边门直通后花园,这是专供人休闲的小园林。承志堂不仅布局考究,装饰也极其富丽堂皇,仅前后厅额枋上的木雕人物图就可称徽州木雕精品。

③ 独特的供水系统:宏村是建造人工水系的典型。明万历丁未年(1607年),由族人汪奎元主倡,汪氏大小族长16人集资,在村南征集秧田数百亩,连通大小石罅,凿深数丈,开辟出一个硕大的池塘,面积达18000多平方米,四周砌石立岸。因位于村南,故取名为"南湖"。在修建南湖这项浩大的工程时,宏村的设计者们十分注重村落的整体布局和规划,使得民宅、书院、祠堂、路桥等建筑群,与水圳、月沼、南湖等水系统一为一大整体。在呈半环形的南湖南畔,分上下两级石岸,每隔5丈(约16.7米)各植红杨、垂柳一株,形成一片绿荫,与村后雷岗山的榛树林遥对成趣。弓弦部湖之北岸,倚村顺势,平铺有整齐划一的青石板路,临岸建有起伏错落、风格相近的徽派建筑群,使粉墙黛瓦与隔岸的花红柳绿相映生辉,景色怡人。湖中筑有阡堤,有画桥连通两岸,又将南湖一分为二,使湖水相通,舟楫穿行。湖面广植菡萏,每值盛夏,荷叶田田,菡萏争艳,加之荡舟其间的采莲少女,好一幅诗情画意的"采莲画卷"。

宏村初建时,虽有溪水绕村而过,但村中仍然缺水。永乐年间,经多次勘查,制订了一个卧牛形的村落扩建计划和人工水系的修建方案,先将村中的一口泉眼挖深,修建了一个半月形池塘——月沼,并开凿400米长的水圳,引西溪水注入月沼。水圳九曲十弯,绕至各家门前,供灌溉与生活用水之需。过了150年,随着人口的增加,月沼之水只能满足生活用水的需要,已无法供给灌溉之用。于是在万历年间,又在村南修建了18000多平方米的南湖,引水圳之水注入湖中,再经湖边暗道出水孔,流至堤下灌溉万亩良田,多余之水则泻入西溪。这样,由月沼、南湖和九曲十弯的水圳构成一个完整的人工水系,既解决了生活、灌溉和防火用水,又改善了居住环境,美化了村庄,深刻地体现了人类利用自然、改造自然的卓越智慧。

(九)澳门历史城区(The Historic Centre of Macao)

1. 澳门历史城区文化遗产简介

世界遗产委员会评价:澳门历史城区保存了澳门400多年中西文化交流的历史精髓。它是中国境内现存年代最远、规模最大、保存最完整和最集中,以西式建筑为主、中西式建筑互相辉映的历史城区;是西方宗教文化在中国和远东地区传播历史的重要见证;更是400多年来中西文化交流互补、多元共存的结晶。

2005年7月1日至16日,在南非东部港口城市德班召开的联合国教科文组织世界遗产委员会第二十九届会议上,澳门历史城区作为世界文化遗产被列入《世界遗产名录》。

澳门历史城区以澳门的旧城为中心,通过相邻的广场和街道,串连起逾20个历史建筑,包括妈阁庙、港务局大楼、郑家大屋、圣老楞佐教堂、圣若瑟修院及圣堂、岗顶剧院、何东图书馆、圣奥斯定教堂、民政总署大楼、三街会馆(关帝庙)、仁慈堂大楼、大堂、卢家大屋、玫瑰堂、大三巴牌坊、哪吒庙、旧城墙遗址、大炮台、圣安多尼教堂、东方基金会会址、基督教坟场、东望洋炮台（含东望洋灯塔及圣母雪地殿圣堂）等，以及同分散建筑紧密相连的妈阁庙前地、阿婆井前地、岗顶前地、议事亭前地、板樟堂前地、耶稣会纪念广场、白鸽巢前地等7个广场空间。其范围东起东望洋山，西至新马路靠内港码头，南起妈阁山，北至白鸽巢公园。

明末清初，大量天主教传教士以澳门为传教基地，积极从事远东地区的传教工作，并由此创造出中西文化交流的辉煌篇章。这些传教士来自不同的修会，他们为中国带来了西方近代的科学技术及人文艺术，又向西方介绍了中国的文化成就。到19世纪，随着第一位传教士马礼逊来到中国大陆，基督新教也以澳门为基地之一，积极开展传教活动。

澳门民间的妈祖崇拜，表现了澳门与中国闽粤沿海居民妈祖信仰一脉相承的关系。但是，由于社会和历史环境的特殊性，澳门的妈阁庙在中国众多的妈祖庙中又别具特色。它既有中国以至海外妈祖崇拜传播和组织的典型特征，又因澳门是近代中国与西方接触最重要的商港，使妈阁庙成为最早向欧洲传播妈祖文化的地方。

在400多年的历史里，中国人与葡萄牙人在澳门历史城区内合力营造了不同的生活社区。这些生活社区，除了展示澳门的中、西式建筑艺术特色外，更展现了中、葡两国人民不同宗教、文化以至生活习惯的交融与互敬。这种中、葡人民共同酝酿出来的温情、淳朴、包容的社区气息，是澳门最具特色、最有价值的地方。

2. 澳门历史城区与风景园林专业设计

历史城区见证了澳门400多年来中国闽粤沿海居民信仰的妈祖文化与西方宗教文化相互交流、多元共存的历史。当然，这种相互交流与多元共存，首先是人的相互交流与多元共存，但作为这种共融的文化形态，表现在物质形态上，主要以建筑为载体，以建筑的形式、风格，表现出近代西洋建筑结合亚洲其他地区不同的建筑元素在澳门产生了新的变体，形成独树一帜的建筑风格，使城区当中的大部分建筑都具有中西合璧的特色。作为风景园林设计的从业者应着重关注澳门历史城区文化遗产中的哪些建筑？这些建筑又是如何以建筑为载体表现中西文化共存与合璧的？理解并回答这些问题对承担我国当前比较关注的历史文化古街区修葺或重建项目的设计是十分有益的。

（1）圣若瑟圣堂的建筑特色。圣若瑟圣堂正门上方为耶稣会的标志，正面有三个入口，主堂平面成拉丁"十"字形，长轴长27米，短轴长16米，长轴两端分别为入口前厅及主祭坛。祭坛供放其主保（圣若瑟）像，装饰甚多，其中两组4根腰缠金叶的旋柱最具特色，柱头则以破山花形式收结。而与之呼应的是入口前厅中4根支撑二楼唱诗台，来自原圣方济各修道院的木制盘旋柱。4个拱顶形成一四边内弯之正方形空间，其上以一罗马式穹窿封顶，穹窿直径为12.5米，顶部高度为19米，开有3环各16个窗户，其中最高一环为假窗，另两环才具有透风及采光功能，穹顶内侧为白色，中间是黄色的耶稣会会徽。

教堂正立面为一雄浑的墙体，宽24.6米，高19米，顶层两边为对称的钟塔，塔顶为琉璃瓦顶，其左钟塔3个窗洞放有大铜钟，左边钟塔正面窗亦有一铜钟，以及一小门通往天台，中间山花中有一耶稣会会徽雕饰。

（2）卢家大屋的建筑特色。卢家大屋高两层，以厚青砖建造，是晚清时期粤中民居温婉纤细建筑风格的典型。大屋为三开间三进上下两层的格局，三进即门厅、茶厅（轿厅）及正厅，以屏风相隔，屋内布置多个天井，便于通风和采光。有两个取光的内庭，依风水原理，主入口有阻挡煞气的屏风。主立面入口部分内凹，为中式典型形式；而窗的设计，受西方建

筑风格的影响。内部融合中西方装饰材料和手法,既有粤中地区常见的砖雕、灰塑、横披、挂落、蚝壳窗,又有西式的假天花、满洲窗、铸铁栏杆,两种特色装饰共冶一炉,饶有趣味。正立面窗户全为葡式百叶窗,其中以上方左右两扇最为精美。窗扇以金属包角,百叶窗上加半圆形彩色玻璃窗,玻璃窗上是灰塑装饰。大宅反映了澳门特有的中西建筑风格合璧的民居特点。

(3) 大三巴牌坊的建筑特色。大三巴牌坊是澳门天主之母教堂(圣保禄教堂)正面前壁的遗址。圣堂创建于1580年,在1595年和1601年先后两次失火焚毁。教堂第三次修建由意大利籍耶稣会会士斯皮诺拉神父设计,并于1602年奠基,1635年建成,历时33年,是当时远东最大的天主教石建教堂。1835年1月,教堂起火,最后剩下教堂的前壁。由于教堂前壁形似中国的传统牌坊,故本地人便称之为"大三巴牌坊"。

大三巴牌坊高27米,阔23.5米,石壁厚2.7米,建筑属于矫饰主义风格,且糅合了欧洲文艺复兴时期的建筑风格与东方建筑风格。前壁用麻石砌成,上下5层,自第3层起可分9格。

(4) 大三巴哪吒庙的建筑特色。大三巴哪吒庙常被视为澳门中西文化和洽相处之象征。大三巴哪吒庙建筑长8.4米,宽4.51米,为两进式建筑,中间无天井,罕见于传统中式庙宇。

(5) 妈阁庙的建筑特色。妈阁庙由石狮镇门,飞檐凌空,是一座富有中国文化特色的古建筑。

(6) 港务局大楼的建筑特色。港务局大楼高两层,其外墙柱窗是穆斯林式穹顶,配合通花围栅,具阿拉伯建筑之风格。

(7) 郑家大屋的建筑特色。郑家大屋为中国近代思想家郑观应的故居,属岭南风格民宅。大宅由两座四合院式建筑组成,并以大内院相连。建筑材料以青砖为主,墙基则由花岗石筑砌。中式建筑特色表现于中式大宅建筑格局与屋顶等;而西方特色则表现于古典建筑装饰风格,可见于部分室内天花、门楣、窗楣、檐口线和外墙批荡等。

(8) 玫瑰堂的建筑特色。玫瑰堂由西班牙多明我会所建。教堂的正面上方刻有多明我会的徽号。正面上下共分3层,每层都被不同款式的圆柱分隔出门窗位置,顶部则为三角楣,是17世纪教堂的豪华风格。教堂内部由一高阔的主殿及两个侧堂所组成,主殿和侧堂由几个圆拱门隔开,而主祭台和主殿之间也有一圆拱分隔,小祭坛则设于侧殿。

(十) 杭州西湖文化景观(West Lake Cultural Landscape of Hangzhou)

1. 杭州西湖文化景观文化遗产简介

世界遗产委员会评价:杭州西湖文化景观是文化景观的一个杰出典范,它极为清晰地展现了中国景观的美学思想,对中国乃至世界的园林设计影响深远,时至今日,其核心要素仍然能够激发人们"寄情山水"的情怀。

2011年6月20日至29日,在联合国教科文组织巴黎总部举行的第三十五届世界遗产大会上,杭州西湖文化景观作为世界文化景观遗产被列入《世界遗产名录》。

杭州西湖文化景观肇始于9世纪,成形于13世纪,兴盛于18世纪,并传承发展至今,包括6大类景观组成要素:秀美的自然山水、独特的"两堤三岛"、"三面云山一面城"的景观整体格局、著名的系列题名景观"西湖十景"、内涵丰富的10处相关重要文化遗存、历史悠久的西湖龙井茶园,它们具有丰富的历史文化内涵、独特的审美特征以及突出的精神价值。

它是中国历代文化精英秉承"天人合一"哲理,在深厚的中国古典文学、绘画美学、造园艺术和技巧传统背景下,持续性创造的"中国山水美学"景观设计经典作品,展现了东方景观设计自南宋(13世纪)以来讲求"诗情画意"的艺术风格,在9—20世纪世界景观设计史和东方文化交流史上拥有杰出、重要的地位和持久、广泛的影响。它在10个多世纪的持续演变中日臻完善,并真实、完整地保存至今,未有大的变换,成为景观元素特别丰富、设计手法极为独特、历史发展特别悠久、文化含量特别厚重的"东方文化名湖"。

2. 杭州西湖文化景观与风景园林专业设计

西湖的湖、山、城整体的景观空间所表现出的人与自然的和谐特征,高度契合了中国文人士大夫的理想山水模式,而被历代推崇为反映中国山水美学思想的典型景观和山水人居的典范,维系和传承千年。作为文化景观的一个杰出典范,其文化景观布局及其景观的美学思想值得风景园林设计的从业者着重体会。

(1) 杭州西湖文化景观布局的特点。低缓的群山呈马蹄形环布在西湖的南、西、北三面,层叠而舒展,天际线柔和而委婉,群山环抱中的湖水盈满平静。全湖被孤山、白堤、苏堤划分为5个水面,形成"湖中有湖"的格局。建筑景点环湖一周点染形成犹如长卷展开的大幅烟水迷离的风景画面。景点建筑自由自在、随宜地半藏半露于疏柳淡烟之中,显示人工意匠与天成自然之浑然一体。

西湖"两堤三岛"的景观格局,是由白堤、苏堤和小瀛洲、湖心亭、阮公墩以及它们所构成的西湖水域共同组成。白堤是唐代诗人白居易在担任杭州刺史时所建的东西向的长堤,全长987米。苏堤是北宋政治家、文学家苏轼所建,南起南屏山北麓,北至北山,纵贯整个西湖,全长2797米,堤上有6座始建于北宋的单孔半圆拱石桥。这种以堤岛分隔和组织空间的方式,是中国景观设计中营造适度的景观空间尺度的重要手法,并融合了中国江南特有的湖堤景观风貌,形成了西湖代表性的景观格局特征。该手法也被我国皇家园林中的颐和园昆明湖水面分隔所借鉴。

(2) 杭州西湖文化景观的美学思想。白堤上的断桥是西湖的著名景观。"断桥残雪"则以冬天观赏西湖雪景为胜,每当瑞雪初霁,举目四望,但见残雪似银,冻湖如墨,黑白分明,格外动人心魄。因民间爱情故事《白蛇传》的主人公相识于此,因此断桥亦拥有爱情象征的意义。"苏堤春晓"是以苏堤的长堤六桥、桃红柳绿为主题的跨湖古堤景观。全堤以六桥烟柳和桃柳相间的植物景观特色著称,当春日的拂晓晨光初启,宿雾还未散去,苏堤上垂柳轻拂、桃花绽放,满堤红绿间错,景色如画。沿堤走去,西湖景观如画卷般渐次展开,小瀛洲、保俶塔、丁家山尽收眼底,湖西诸山峰峦叠嶂,出没于烟波之中,如入仙境。"三潭印月"以月夜在小瀛洲赏月,引发禅境思考和感悟为主题。"三潭"原指北宋时西湖中为限定水域禁植区所立的三个标志石塔,月明之时,三塔与湖水、明月共同构成相互映衬的景观。湖中有岛、岛中有湖的独一无二的水景特色,配以翠柳、荷花、红枫、木芙蓉为主的传统植物品种与亭阁建筑,构成了四季色彩绚丽的景观。月夜"三潭"点烛之际,更能触动天月、水月、塔月与心中之月交融关照。这一景观是我国江南水上园林的经典之作,因此成为杭州西湖景观最经典的标志。"曲院风荷"则以夏日于湖边小院观赏荷花为主要特色,荷花盛开时的碧叶红花、悠远香气与湖光山色相互映衬,体现出中国文化中特有的香远益清的审美情趣。"平湖秋月"以观赏诗情画意的西湖秋月之夜为主题,当秋高月明之时,高阁凌波,水月相融,置身于月光笼罩之中,极易产生身处月宫之上的幻境。"花港观鱼"以在私家宅院的山、

池环境中观赏花、鱼等特色动植物景观,体验自然的勃勃生机为主题。"柳浪闻莺"以观赏滨湖的柳林中的莺鸟歌鸣为主题,是一处听觉欣赏景观。"双峰插云"以观赏南高峰、北高峰云雾缭绕的景观为主题,将视觉景观引入远山天际之中,将西湖景区带入更大的自然景境之中。"雷峰夕照"以日落时位于山巅的雷峰塔剪影为观赏特点。"南屏晚钟"以南屏山北麓净慈寺钟声响彻湖上的审美意境为特点,让人难免心生阐意,感悟人生。

三、我国世界遗产保护的立法现状

我国虽已成为世界第二遗产大国,但由于我国的立法体系尚在完善之中,目前还没有针对世界文化和自然遗产保护的专门立法,不过,已有相关的法律、法规对其进行依法保护。

(一)相关国家法规

我国已有的相关法律和法规有:1982 年 11 月公布的《中华人民共和国文物保护法》、1989 年 12 月公布的《中华人民共和国环境保护法》、1989 年 12 月公布的《城市规划法》、1994 年 10 月公布的《中华人民共和国自然保护区条例》、2006 年 12 月公布的《风景名胜区管理条例》、2006 年 11 月公布的《世界文化遗产保护管理办法》。

(二)相关地方法规

随着我国申报和被列入《世界遗产名录》的世界文化和自然遗产数量逐渐增多,一些遗产属地政府也开始探索对世界遗产进行立法保护,尝试对世界遗产进行依法管理。

我国第一部关于世界遗产保护的地方法规《四川省世界遗产保护条例》于 2002 年 4 月 1 日正式实施,这是以世界遗产为专门主题的立法活动的先声。

福建省制定了《福建省武夷山世界文化遗产与自然遗产保护条例》,于 2002 年 9 月 1 日正式实施,使作为文化与自然双重遗产的武夷山以其"骄子"身份得到了应有的法律保护。

云南省于 1994 年 6 月颁布了《云南省丽江历史文化名城保护管理条例》。2006 年 3 月,《云南省丽江古城保护条例》正式施行。

四、我国世界遗产保护的管理体制现状

我国现行的世界遗产保护管理体制为属地管理体制。

属地管理体制实际上是建设部《风景名胜区管理暂行条例(1985)》第五条所规定的内容:"风景名胜区依法设立人民政府,全面负责风景名胜区的保护、利用、规划和建设。风景名胜区没有设立人民政府的,应当设立管理机构,在所属人民政府领导下,主持风景名胜区的管理工作。设在风景名胜区内的所有单位,除各自业务受上级主管部门领导外,都必须服从管理机构对风景名胜区的统一规划和管理。"

属地管理体制的优点:所有权、管理权、收益权三权一体,便于政府统一管理。

属地管理体制的缺点:受利益驱动以及政出多头的影响,经营权与管理权的一体化使管理权实际丧失,遗产地内的旅游开发与建设得不到有效约束,造成楼堂馆所滥建,索道、电梯纷纷上马等后果。

五、我国世界遗产保护中存在的主要问题

(一)世界遗产管理体制之争

一种观点认为,我国应实行世界遗产国家统一管理体制,主张建立国家遗产管理局,直接管理国家级自然遗产、文化遗产及自然文化双重遗产,以克服目前政出多门、条块分割的局面,实现真正有效的保护。国内外的实践经验表明,如没有中央政府的统一管辖,世界遗产和国家公园难以实现有效的保护。处于转型期的我国,体制尚未理顺,法制不够健全,经济发展速度又快,这一问题显得尤其迫切,如不尽快解决,世界遗产或其他自然文化遗产一旦被破坏,即不可再生,难以复原。

另一种观点认为,世界遗产管理体制应以地方政府为主,完善现行的属地管理体制。这种观点还认为,由国家遗产管理局直接管理世界遗产的模式对于世界遗产地的地方政府利益会有明显的冲击,在中国的现有国情下,可能实际运行中的困难会很多。比如,一个突出问题,世界遗产地范围内的居民,中央政府是否能够实施有效的管理和服务?如果要搬迁居民,是否能够在资金方面支持得起?后续的社会问题如何解决?再者,实施垂直的封闭管理,实际上是要设立许多独立的地域单元,在行政区划等方面会有许多问题。

(二)政府管理与引用市场机制管理之争

一种观点主张世界遗产应该由政府管理。这种观点认为:问题的核心就是管理权与经营权能否分离,产权与使用权能否分割。

世界遗产是一种特殊的公共资源,它具有全球或全国唯一性及不可重现(造)性,由政府管理遗产资源只能是唯一选择,这是政府的责任。遗产资源的特殊性决定了经营权与所有权是天然一体的,管理权与经营权的分离必然导致遗产区管理转入以营利为首要目的的商业性旅游经营轨道,其经营举措往往是与遗产保护背道而驰的。

另一种观点主张在现行管理体制下探索出一种合适的制度安排。这种观点认为:政府或者市场都不是"唯一"的方式,二者都有其合理存在的可能性,关键是找到一种合适的制度安排。实际上,世界各地的国家公园,既有中央集权式管理模式、地方自治管理模式,也有产权私有化式的管理模式。

我国的遗产资源治理模式也不可能是单一的,而是需要根据各自的具体情况来选择各自的制度安排。所以,关于遗产资源管理的争论实际上是一个问题的两个方面,即公共资源的管理是由政府强权参与经营管理,还是明晰产权由市场来经营,二者实际上并不是非此即彼的关系,而是解决问题的两种不同的思路。问题的关键是寻找合适的制度安排,制定恰当的管理规则。

(三)经济效益与社会效益之争

世界遗产的品牌效应及其特殊资源凸显出的垄断经营的价值内涵,还会为地方带来巨大的社会与经济效益。经济效益与社会效益到底孰轻孰重?

一种观点认为:世界遗产不能片面地定位于第三产业的旅游资源,不是经济开发区;《世界遗产公约》是"保护公约",不是"开发公约"、"建设公约"。应该强调,世界遗产是祖先和大自然馈赠给全人类的共同遗产,是不可再生的珍稀资源,让其代代相传,是人类的共同责任。《世界遗产公约》指出,可对世界遗产进行展示,但不允许擅自进行改造,必须保护遗产的真实性与完整性。保护是宗旨,是利用的前提。不应将保护性遗产、社会公益性遗

产变成少数企业的经济开发资源。

另一种观点认为:我国旅游业发展的事实证明,遗产资源的市场化开发是经济发展中环境代价最小的一种现实选择。只讲保护,不讲发展,地方经济长期陷入贫困的窘境中,连基本的生存条件都难以保证,资源保护的经费没有来源,因此,贫困和落后是保护不了资源的,只能造成生态环境的日益恶化。从各个方面综合比较的结果来看,利用遗产资源优势,发展旅游业,是实现世界遗产地经济良性增长、与环境资源冲突最小、环境代价最小的途径。

第二节 我国世界遗产保护需要解决的问题

一、建立法律法规、依法保护

综合考察世界遗产的保护情况,我国急需的法律体系构成模式应当是:国家法律加地方法规。

建立完善的法律保护机制非常迫切。建议制定《中华人民共和国世界遗产保护法》。有了这个母法,各级地方人民代表大会的立法和政府的行政立法就能层层跟上,条例、实施细则、办法也才会有连贯性。

当前,与世界遗产保护有关的法律零星、滞后,无从解决层出不穷的问题。《文物保护法》不能涵盖对自然原生态的保存,《自然保护区条例》不会触及历史、考古、建筑,《风景名胜管理暂行条例》及其《实施办法》由于出发点不同,其"风景名胜"的概念界定与世界遗产有一定距离;优雅的戏剧艺术昆曲除了作为口头和非物质遗产的代表外,对它的保护还没有上升至法律的层面上来。由于存在着诸如此类的问题,才会出现"偷一个兵马俑的头可以判死刑,将泰山月观峰的头炸掉三分之一却找不到处罚的依据"的对照。

二、理顺体制、有效管理

结合我国的具体国情来看,以地方政府为主的世界遗产地管理体制具备相对合理性,也有许多积极的因素,因此有可能得到进一步完善和强化。

今后需要在坚持法规和世界遗产资源保护准则的前提下,逐步完善以地方管理为主的遗产资源管理体制,在国家法律允许的范围内,给予地方、企业更多的自主权,减少中央部门对各个地方的行政性干预。这是符合中国大国国情和经济转型时期社会经济发展要求的现实选择。

三、走良性循环发展之路

保护是开发利用的前提,开发利用是为了更好地进行保护,因此,应该将资源保护的公益性与资源本身所具有的经济利用价值有机结合。应坚决避免被动保护(出现问题应急保护)的局面出现,牢固树立保护第一的思想。一方面,通过合理利用遗产资源获取利益,壮大经济实力;另一方面,要在实践中探求实施有效保护的具体措施,促进资源的科学利用,走"保护—开发利用—发展—保护"的良性循环发展之路,并辐射带动周边区域发展,共同构筑世界遗产的保护屏障。

第三章　苏州园林文化遗产与保护

本章提要与学习重点

本章叙述了苏州古典园林和庭院在开展三次普查的三个时间点的保存状况,统计分析了三次普查时间点间的园林和庭院获得的保护情况;介绍了与苏州园林文化遗产立法保护有关的法规文件;总结了苏州园林文化遗产的修葺保护工作和在世界文化遗产及苏州园林文化遗产保护机制探索方面开展的工作。

重点理解苏州园林文化遗产保护的重大意义。熟悉苏州古典园林和庭院在开展的三次普查时间点的保存情况,如园林、庭院数量,完整、较完整、半废、残存、全废园林和庭院的变化,园林和庭院获得的不同等级保护,以及苏州园林文化遗产的修葺保护情况。了解与苏州园林文化遗产立法保护有关的法规文件,以及在世界文化遗产及苏州园林文化遗产保护机制探索方面开展的工作。

第一节　苏州园林文化遗产保存现状

一、第一、二、三次普查的园林和庭院状况统计与分析

（一）三次普查的园林和庭院统计结果简述

1956—1959 年期间,当时的南京工学院刘敦桢教授领导调查了苏州古典园林,这次调查后来被认为是对苏州古典园林进行的第一次普查。第一次普查时调查了大小园林 114 处和庭院 74 处,共计 188 处。1982 年对苏州古典园林进行第二次普查时,不仅对第一次普查时调查的 188 处园林和庭院进行了复查,还补充了第一次调查时尚未调查的园林和庭院 39 处,总共调查了 227 处园林与庭院。这些结果表明,在第一次普查期间,保存状况为完整、半废、全废的古典园林数量应不少于 227 处。根据对第二次普查时补充的 39 处园林和庭院的调查结果进行统计分析得知,1956—1959 年期间进行第一次普查时,苏州尚存园林和庭院为 181 处,另有 46 处当时已全废。

1. 第一次普查园林和庭院存废状况统计

第一次普查时上述 227 处园林和庭院中包括完整和半废的大、中、小型园林合计 91 处,其中大型园林 8 处、中型园林 22 处、小型园林 61 处,当时已全废的园林有 31 处;完整和半废的旧住宅庭院 90 处,当时已全废的庭院有 15 处。见表 3-1。

表 3-1 1956—1959 年古典园林和庭院存废状况统计表

类型		存废状况			
		完整	半废	全废	小计
园林	大型	7	1	3	11
	中型	8	14	12	34
	小型	30	31	16	77
	合计	45	46	31	122
庭院		69	21	15	105

2. 第二次普查园林和庭院存废状况统计

1982 年由苏州市有关单位对苏州古典园林进行的第二次调查,后来被认为是对苏州古典园林进行的第二次普查。第二次普查时存在的完整、较完整、半废的大、中、小型园林合计 41 处,其中大型仍为 8 处,中型为 13 处,小型为 20 处。残存和全废园林有 81 处。存在的完整、较完整、半废的庭院合计 28 处,残存和全废的庭院有 77 处。见表 3-2。

表 3-2 1982 年古典园林和庭院存废状况统计表

类型		存废状况					
		完整	较完整	半废	残存	全废	小计
园林	大型	8	—	—	—	3	11
	中型	2	2	9	5	16	34
	小型	5	5	10	12	45	77
	合计	15	7	19	17	64	122
庭院		2	11	15	26	51	105

3. 第三次普查园林庭院存废状况统计

2007 年,苏州大学原城市学院园林系受苏州市园林和绿化管理局委托,对苏州古典园林进行了第三次调查,这次调查后来被认为是对苏州古典园林进行的第三次普查。第三次普查在 1982 年调查资料的基础上,对 227 处园林和庭院进行了复查。尚存的完整、较完整、半废的大、中、小型园林合计 39 处,其中大型仍为 8 处,中型为 16 处,小型为 15 处。残存和全废园林有 84 处。尚存的完整、较完整的庭院合计 6 处,残存和全废的庭院有 98 处。见表 3-3。

表3-3　2007年古典园林和庭院存废状况统计表

类型		存废状况					
		完整	较完整	半废	残存	全废	小计
园林	大型	8			1	2	11
	中型	7	7	2	4	16	36
	小型	6	2	7	9	52	76
	合计	21	9	9	14	70	123
庭院		2	4	0	14	84	104

二、三次普查的园林、庭院状况及保护等级变化分析

（一）三次普查的园林状况变化分析

第一次普查时的完整园林有45处。第二次普查时的完整园林有15处，比第一次普查时减少了66.6%。第三次普查时的完整园林21处，比第一次普查时减少了53.3%。说明1959年至1982年的23年间完整园林损毁较严重，1982年至2007年的25年间完整园林得到了较好的保护。

第一次普查时半废以上的园林有91处，第二次普查时半废以上的园林有41处，第三次普查时半废以上的园林有39处。第二次普查时半废以上园林比第一次普查时减少了54.9%，第三次普查时半废以上园林比第一次普查时减少了57.1%。说明1959年至2007年的48年间半废以上园林呈持续损毁趋势。

第一次普查时残存和全废的园林有31处，第二次普查时残存和全废的园林有81处，第三次普查时残存和全废的园林有84处。第二次普查时残存和全废的园林比第一次普查时增加了161.3%，第三次普查时残存和全废的园林比第一次普查增加了170.1%。说明1959年至2007年的48年间残存和全废的园林呈持续增加趋势。见图3-1。

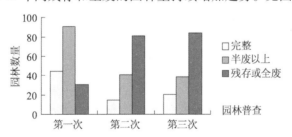

图3-1　三次普查的园林状况变化图

（二）三次普查的庭院状况变化分析

第一次普查时完整庭院有69处，第二次普查时完整庭院有2处，第三次普查时完整庭院有2处。第二次和第三次普查时完整庭院比第一次普查时减少了97.1%。说明1959年至1982年的23年间完整庭院损毁严重。

第一次普查时半废以上的庭院有90处，第二次普查时半废以上的庭院有28处，第三次普查时半废以上的庭院有6处。第二次普查时半废以上庭院比第一次普查时减少了68.8%，第三次普查时半废以上庭院比第一次普查时减少了93.3%。说明1959年至2007

年的48年间半废以上庭院呈持续损毁趋势。

第一次普查时残存和全废的庭院有15处,第二次普查时残存和全废的庭院有77处,第三次普查时残存和全废的庭院有98处。第二次普查残存和全废庭院比第一次普查增加了413.3%,第三次普查时残存和全废的庭院比第一次普查时增加了553.3%。说明1959年至2007年的48年间残存和全废的庭院呈持续增加趋势。至第三次普查时,典型、完整的苏州古典宅第庭院已寥寥无几。见图3-2。

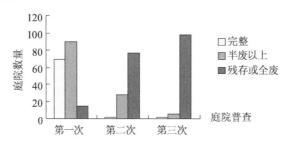

图3-2 三次普查的庭院状况变化图

（三）第二、三次普查的园林和庭院保护等级变化分析

第二次普查时已有28处园林和庭院先后公布为各级文物保护单位,其中,全国重点文物保护单位有3处,江苏省文物保护单位有6处,苏州市文物保护单位有19处。第三次普查时已有世界文化遗产苏州园林8处、全国重点文物保护单位9处、江苏省文物保护单位9处、苏州市文物保护单位20处、苏州市市区文物控制保护建筑57处。

第二次普查时苏州市古城区内尚没有世界文化遗产苏州园林和苏州市市区控制保护建筑园林和庭院,第三次普查时有世界文化遗产苏州园林8处和市区控制保护建筑园林和庭院57处。第二次普查时苏州市古城区内有全国重点文物保护单位园林3处,第三次普查时有全国重点文物保护单位园林9处,增加200%。第二次普查时苏州市古城区内有江苏省文物保护单位园林和庭院6处,第三次普查时有江苏省文物保护单位园林和庭院9处,增加50%。第二次普查时苏州市古城区内有苏州市文物保护单位园林和庭院19处,第三次普查时有苏州市文物保护单位园林和庭院20处,增加5.26%。见图3-3。

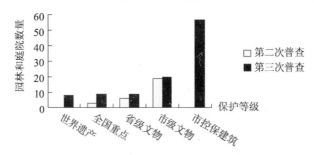

图3-3 第二、三次普查的园林和庭院保护等级变化图

三、第三次普查时尚存的39处园林调查

第三次普查时,苏州古城区内尚存的状况为半废以上的古典园林有39处。这些园林的名称、保护级别、管理或使用单位、产权或管理权属性及园林现状等信息如表3-4。

表 3-4 第三次普查时 39 处半废以上的苏州古典园林信息统计表

序号	保护级别	园林名称	管理或使用单位	产权或管理权属性	状况
1	《世界文化遗产名录》园林	拙政园	苏州市园林和绿化管理局	政府职能管理部门	完整
2		留园	苏州市园林和绿化管理局	政府职能管理部门	完整
3		网师园	苏州市园林和绿化管理局	政府职能管理部门	完整
4		环秀山庄	苏州市园林和绿化管理局	政府职能管理部门	完整
5		沧浪亭	苏州市园林和绿化管理局	政府职能管理部门	完整
6		狮子林	苏州市园林和绿化管理局	政府职能管理部门	完整
7		耦园	苏州市园林和绿化管理局	政府职能管理部门	完整
8		艺圃	苏州市园林和绿化管理局	政府职能管理部门	完整
9	全国重点文物保护单位	曲园	苏州市文物局	政府职能管理部门	完整
10	省级文物保护单位	怡园	苏州市园林和绿化管理局	政府职能管理部门	完整
11		西园	西园戒幢律寺	西园戒幢律寺	完整
12		五峰园	苏州市虎丘山风景区管理处	政府职能管理部门	完整
13		惠荫园	苏州市第三中学初中部 苏州市平江中学二部	事业单位	较完整
14		织造府花园	苏州第十中学	事业单位	较完整
15	市级文物保护单位	鹤园	苏州市政协联谊会	事业单位	完整
16		真如小筑	苏州市规划展示馆	事业单位	完整
17		北半园	第三纺织机械厂	事业单位	完整
18		朴园（仿古园林）	桃花坞木刻年画博物馆	事业单位	完整
19		天香小筑（仿古园林）	苏州市图书馆	事业单位	完整
20		拥翠山庄	苏州市园林和绿化管理局	政府职能管理部门	完整
21		听枫园	苏州国画院	事业单位	较完整
22		可园	苏州大学	事业单位	较完整
23		庙堂巷8号	上海外贸疗养所	企业单位	较完整
24		南半园	锦江之星旅馆等企业	企业单位	半废
25		柴园	苏州市聋哑学校	事业单位	半废
26		任宅花园	多户居民民居	私人	半废
27	苏州市市区文物控制保护古建筑	梵门桥弄8号	居民民居	私人	半废
28		王家花园	居民民居	私人	半废
29		余园	私人招待所	私人	半废

续表

序号	保护级别	园林名称	管理或使用单位	产权或管理权属性	状况
30	其他园林	畅园	苏州市古典园林建筑公司	企业单位	完整
31		残粒园	吴宅	私人	完整
32		南园（仿古园林）	南园宾馆	企业单位	完整
33		静中园	翡翠玉石市场	企业单位	较完整
34		遂园	苏州大学附属儿童医院	事业单位	较完整
35		吴家花园（东小桥弄3号）	苏大附属儿童医院	事业单位	较完整
36		塔影园	苏州市高等幼儿师范学校	事业单位	较完整
37		万宅花园	民居	私人	半废
38		庞莱臣故居（颜家巷26）	苟德芳、徐熙凤居住	私人	半废
39		笑园	笑园小区	小区业主	半废

第二节 苏州世界文化遗产园林及其立法与修葺保护

一、苏州世界文化遗产园林

苏州市申报世界文化遗产领导小组办公室于苏州古典园林申遗初始成立，申遗成功后，于2002年初更名为苏州市世界遗产暨古典园林保护领导小组办公室。

1997年12月4日，在意大利的那不勒斯，拙政园、留园、网师园、环秀山庄作为苏州古典园林的典型例证，被联合国教科文组织世界遗产委员会第二十一届会议一致通过，列入《世界遗产名录》。

2000年11月30日，在澳大利亚凯恩斯召开的联合国教科文组织第二十四届世界遗产委员会会议上，沧浪亭、狮子林、艺圃、耦园、退思园又作为扩展项目被列入《世界遗产名录》。

苏州现有9处古典园林成为世界文化遗产，古典私家园林被列入《世界遗产名录》，在全世界是首例。

二、苏州市政府为保护苏州古典园林已出台的规范性文件

为了依法保护苏州古典园林和世界文化遗产，引导遗产保护工作更加契合国际要求和规则，从根本上保证苏州古典园林和世界遗产得到有效保护，苏州市政府针对性地制定出台了一系列相关的法规条例，如《苏州市文物保护管理办法》《苏州市旅游管理条例》《苏州市古树名木保护管理条例》《苏州市古建筑保护条例》《苏州市古建筑抢修保护实施细则》

《苏州市文物古建筑维修工程准则》《苏州市文物保护单位和控制保护建筑完好率测评办法（试行）》《苏州市园林保护管理细则（试行）》《世界遗产苏州古典园林监测工作管理规则（试行）》《苏州市园林保护和管理条例》等，这些法规条例在苏州古典园林和世界遗产保护中发挥了重要的作用。

三、苏州园林文化遗产的修葺保护

为了有效地保护苏州园林文化遗产，新中国成立以来，苏州古典园林总体上得到了持续修葺保护。20世纪50年代修复开放了拙政园、狮子林、网师园、沧浪亭、怡园、留园、虎丘、天平山、西园、寒山寺等园林名胜12处。60年代修复了耦园和渔庄。70年代新建了现代园林东园。80年代重建了盆景园，修复了艺圃、环秀山庄、曲园、鹤园、听枫园，开发了盘门名胜等。1998年后投资修复了畅园、五峰园、网师园露华馆和艺圃住宅，恢复了留园西部"射圃"历史景观。

第三节　苏州园林文化遗产保护机制探索

一、政府应增设苏州遗产管理职能权力机构

园林遗产是苏州的重要品牌，保护世界遗产是苏州市政府实施可持续发展战略的重要方面。如果没有由政府设立的有利于统一管理的专门遗产保护职能权力部门，要实现对苏州园林遗产的有效保护，落实《保护世界文化和自然遗产公约》规定和要求是很困难的。

作为世界遗产地，苏州肩负着与国家和世界遗产管理组织沟通和交流的重任，承担着对公众进行世界遗产保护宣传教育的责任，有履行接受国家每2年一次、联合国每6年一次对世界遗产地监测的义务，这些都需要有一个权威部门来统一组织实施。苏州有9个世界遗产园林和众多的名胜遗迹，目前正把苏州古城作为世界遗产园林的扩展项目正式列入申遗计划。

我国正处于转型期，体制尚未理顺，法制不够健全，经济发展速度又快，由中央政府统一管理世界遗产的格局尚未形成，遗产管理的有效形式正处在实践探索阶段。但从保护发展的趋势看，以地方政府为主的世界遗产地管理体制具备相对合理性，也有许多积极的因素，因此有可能得到进一步完善和强化。今后需要在坚持法规和世界遗产资源保护准则的前提下，逐步扩大地方的自主权，完善以地方管理为主的遗产资源管理体制，这是符合中国大国国情和经济转型时期社会经济发展要求的现实选择。

在国家尚未设立专门的保护管理部门前，苏州应有与世界接轨的超前意识，由地方政府批准在现有的主管部门中增设专门的保护管理机构，列入政府编制，明确职责，使其具有合法的行政管理地位，统一负责扩展项目的申报和对全市遗产的管理工作，保证其监测、评估、科研、宣传、教育等保护管理职能的顺利实施，改变目前政出多门、条块分割的局面，实现真正的有效保护。

从遗产的管理模式看，可考虑专家提出的"按照文化遗产的价值等级实行分级管理"。我国对遗产管理普遍实行属地管理原则，属地管理体制实际上是建设部1985年颁布的《风

景名胜区管理暂行条例》。遗产地行政级别制约着遗产管理水平,从而使遗产管理水平与遗产品位脱节。世界级文化遗产在资金、人才、技术等方面应获得与之相称的一流管理。对于不同等级的文化遗产,管理者的学术级别和业务能力的标准应当不同,管理制度也应有所区别。对于高级别遗产,应向上集权;对于低级别遗产(尤其是具有遗产要素的土地资源),应向下放权,包括以更灵活的方式让社会去经营。单一的政府管理体制,无法管理好各级文化遗产。

目前苏州与世界遗产有关的部门是隶属于苏州市园林和绿化管理局,视作局机关一个职能处室,人员由机关及基层单位抽调组成的"苏州市世界遗产暨古典园林保护领导小组办公室"。但这个办公室是没有经过苏州市机构编制委员会认可的临时机构,既不是政府机关的一个职能部门,也不是一个代行政府管理职能的事业单位,工作没有法定权威,无法有效地对全市遗产单位和古典园林形成统一的保护和管理。

二、政府应尽快制定和实施苏州世界遗产保护条例地方法规

我国目前还没有一部如《中华人民共和国世界遗产法》的专门法律,要进一步加强和完善对苏州古典园林等文化遗产的有效保护和合理利用,必须要走依法保护、依法管理之路,使苏州的文化遗产保护和利用有法可依,只有这样才能在错综复杂的遗产保护环境中切实贯彻科学发展观。

我国第一部关于世界遗产保护的地方法规《四川省世界遗产保护条例》于2002年4月1日正式实施,这是以世界遗产为专门主题的立法活动的先声。继之,福建省也制定了《福建省武夷山世界文化遗产与自然遗产保护条例》,使作为文化与自然双重遗产的武夷山得到了应有的法律保护。

建议针对苏州遗产保护中存在的突出问题和矛盾,对已有的《苏州园林保护和管理条例》尽快进行修订,结合世界遗产园林保护工作实践,增加《保护世界文化和自然遗产公约》所规定的相关保护条款。在世界遗产这个大主题下,将《文物保护法》《自然保护区条例》《风景名胜区管理条例》及其实施办法,甚至《环境保护法》《城市规划法》的相关内容协调起来,能够集中利用立法资源,提高执法效率,真正达到保护世界遗产这一人类的宝贵财富的目的。

三、建立政府投资为主导的多元化遗产保护资金保障机制

世界遗产不能片面地定位于第三产业的旅游资源。《世界遗产公约》是"保护公约"。应该强调,世界遗产是祖先和大自然馈赠给我们全人类的共同遗产,是不可再生的珍稀资源,让其代代相传,是人类的共同责任。《世界遗产公约》指出,可对世界遗产进行展示,但不允许擅自进行改造,必须保护遗产的真实性与完整性。

保护是宗旨,是利用的前提。无论从什么角度说,用市场手段配置文化遗产的开发与消费都是不可行的。但要对世界遗产实施有效的保护,离开资金的支持,保护也就无从谈起。

因此,需要通过政府的调控,构建以政府为主的、多渠道资金投入的保护机制,设立"苏州市世界文化遗产保护基金",发动全社会进行捐资,向联合国教科文组织申请争取世界遗产保护基金的支持,建立健全完善的保护资金投入机制。实现保护资金上的一种良性循

环,使世界遗产能获得持续性保护。

但是只讲保护,不讲利用,遗产保护就会缺少经费来源。保护是利用的前提,利用是为了更好地进行保护。实践中应探求实施有效保护的具体措施,促进遗产的科学利用,走"保护—利用—发展—保护"的良性循环发展之路。

通过以政府为主的多渠道资金投入的保护机制可能实现保护资金的良性循环。另外,还可设立世界遗产科研机构,与科研单位和大专院校之间开展广泛的交流与合作,依靠科学研究来决策保护工作。

目前,苏州园林世界遗产保护资金的运作方式是从园林和绿化管理局的门票收入总盘中统筹补贴,作为政府用于古典园林保护的投入,政府财政专项投入还未能形成有效渠道。应尽快建立政府投资为主导的多元化遗产保护资金保障机制,鼓励公民、法人和其他组织通过捐赠等方式设立世界文化遗产保护基金,专门用于世界文化遗产保护。世界文化遗产保护基金的募集、使用和管理,须依照国家有关法律、行政法规和部门规章的规定执行。

四、不断挖掘园林文化内涵

园林文化内涵的挖掘可以从以下几个方面着手:

(1)进一步展示古典园林的历史遗存,深化对古典园林保护意识的认识。主要途径有查档阅卷,向各界有关人士求教,把历史上逐年消失、遗忘、灭迹的历史遗存逐一挖掘,重新展现。如拙政园用石刻形式再现明代文徵明《三十一景图》、沧浪亭重现林则徐留下的珍贵遗迹等。

(2)加大对外宣传力度,编辑出版《世界文化遗产——苏州古典园林》大型画册、《苏州园林旅游丛书》《苏州古建丛书》,拍摄专题电视艺术片《苏园六纪》,创办《苏州园林》杂志和《苏州日报·园林专版》。

(3)开展学术研究,系统剖析9处列入《世界遗产名录》的园林的历史、艺术、文化价值,参与国内外风景园林学术研讨活动。

(4)建立园林专业档案馆,积极寻找历史遗迹,征集、汇总有关古典园林的资料信息,强化档案信息管理工作,丰富园林的文化积累。

第四章 园林古树名木保护技术研究

本章提要与学习重点

本章叙述了原建设部公布实施的《城市古树名木保护管理办法》和苏州市制定的《苏州市古树名木保护管理条例》；研究了苏州古典园林古树名木生长现状与症状，探索了苏州古典园林古树名木保护监测预警标准与标准等级；研究制定了苏州古典园林古树名木保护技术措施规程；对位于苏州古城区的拙政园、留园、网师园、环秀山庄、沧浪亭、狮子林、艺圃、耦园等世界文化遗产古典园林中的 86 株古树名木划定了监测预警标准等级并提出了针对性防治技术；对拙政园、留园、狮子林、沧浪亭等四处古典园林中的 7 株需要对其生长势进行适度调控的古树名木，研究申请了古树名木树种超体量树体控制技术，获得了国家知识产权局授权的 2 项技术专利。

重点理解苏州世界文化遗产古典园林古树名木保护的意义、研究方法及技术应用。熟悉古树名木保护管理的主要内容。了解古树名木树种超体量树体控制技术原理等。

第一节 古树名木保护有关法规文件

一、建设部公布实施的《城市古树名木保护管理办法》

建城〔2000〕192 号

各省、自治区、直辖市建委（建设厅），直辖市园林局，计划单列市建委，深圳市城管办：

为切实加强城市古树名木保护管理工作，我部制定了《城市古树名木保护管理办法》，现印发给你们，请认真贯彻执行。

中华人民共和国建设部
二〇〇〇年九月一日

城市古树名木保护管理办法

第一条 为切实加强城市古树名木的保护管理工作，制定本办法。

第二条 本办法适用于城市规划区内和风景名胜区的古树名木保护管理。

第三条 本办法所称的古树，是指树龄在一百年以上的树木。

本办法所称的名木，是指国内外稀有的以及具有历史价值和纪念意义及重要科研价值的树木。

第四条　古树名木分为一级和二级。

凡树龄在300年以上,或者特别珍贵稀有,具有重要历史价值和纪念意义、重要科研价值的古树名木,为一级古树名木;其余为二级古树名木。

第五条　国务院建设行政主管部门负责全国城市古树名木保护管理工作。

省、自治区人民政府建设行政主管部门负责本行政区域内的城市古树名木保护管理工作。

城市人民政府城市园林绿化行政主管部门负责本行政区域内城市古树名木保护管理工作。

第六条　城市人民政府城市园林绿化行政主管部门应当对本行政区域内的古树名木进行调查、鉴定、定级、登记、编号,并建立档案,设立标志。

一级古树名木由省、自治区、直辖市人民政府确认,报国务院建设行政主管部门备案;二级古树名木由城市人民政府确认,直辖市以外的城市报省、自治区建设行政主管部门备案。

城市人民政府园林绿化行政主管部门应当对城市古树名木,按实际情况分株制定养护、管理方案,落实养护责任单位、责任人,并进行检查指导。

第七条　古树名木保护管理工作实行专业养护部门保护管理和单位、个人保护管理相结合的原则。

生长在城市园林绿化专业养护管理部门管理的绿地、公园等的古树名木,由城市园林绿化专业养护管理部门保护管理。

生长在铁路、公路、河道用地范围内的古树名木,由铁路、公路、河道管理部门保护管理。

生长在风景名胜区内的古树名木,由风景名胜区管理部门保护管理。

散生在各单位管界内及个人庭院中的古树名木,由所在单位和个人保护管理。

变更古树名木养护单位或者个人,应当到城市园林绿化行政主管部门办理养护责任转移手续。

第八条　城市园林绿化行政主管部门应当加强对城市古树名木的监督管理和技术指导,积极组织开展对古树名木的科学研究,推广应用科研成果,普及保护知识,提高保护和管理水平。

第九条　古树名木的养护管理费用由古树名木责任单位或者责任人承担。

抢救、复壮古树名木的费用,城市园林绿化行政主管部门可适当给予补贴。

城市人民政府应当每年从城市维护管理经费、城市园林绿化专项资金中划出一定比例的资金用于城市古树名木的保护管理。

第十条　古树名木养护责任单位或者责任人应按照城市园林绿化行政主管部门规定的养护管理措施实施保护管理。古树名木受到损害或者长势衰弱,养护单位和个人应当立即报告城市园林绿化行政主管部门,由城市园林绿化行政主管部门组织治理复壮。

对已死亡的古树名木,应当经城市园林绿化行政主管部门确认,查明原因,明确责任并予以注销登记后,方可进行处理。处理结果应及时上报省、自治区建设行政部门或者直辖市园林绿化行政主管部门。

第十一条 集体和个人所有的古树名木,未经城市园林绿化行政主管部门审核,并报城市人民政府批准的,不得买卖、转让。捐献给国家的,应给予适当奖励。

第十二条 任何单位和个人不得以任何理由、任何方式砍伐和擅自移植古树名木。

因特殊需要,确需移植二级古树名木的,应当经城市园林绿化行政主管部门和建设行政主管部门审查同意后,报省、自治区建设行政主管部门批准;移植一级古树名木的,应经省、自治区建设行政主管部门审核,报省、自治区人民政府批准。

直辖市确需移植一、二级古树名木的,由城市园林绿化行政主管部门审核,报城市人民政府批准。移植所需费用,由移植单位承担。

第十三条 严禁下列损害城市古树名木的行为:

(一) 在树上刻划、张贴或者悬挂物品;

(二) 在施工等作业时借树木作为支撑物或者固定物;

(三) 攀树、折枝、挖根摘采果实种子或者剥损树枝、树干、树皮;

(四) 距树冠垂直投影5米的范围内堆放物料、挖坑取土、兴建临时设施建筑、倾倒有害污水、污物垃圾,动用明火或者排放烟气;

(五) 擅自移植、砍伐、转让买卖。

第十四条 新建、改建、扩建的建设工程影响古树名木生长的,建设单位必须提出避让和保护措施。城市规划行政部门在办理有关手续时,要征得城市园林绿化行政部门的同意,并报城市人民政府批准。

第十五条 生产、生活设施等生产的废水、废气、废渣等危害古树名木生长的,有关单位和个人必须按照城市绿化行政主管部门和环境保护部门的要求,在限期内采取措施,清除危害。

第十六条 不按照规定的管理养护方案实施保护管理,影响古树名木正常生长,或者古树名木已受损害或者衰弱,其养护管理责任单位和责任人未报告,并未采取补救措施导致古树名木死亡的,由城市园林绿化行政主管部门按照《城市绿化条例》第二十七条规定予以处理。

第十七条 对违反本办法第十一条、十二条、十三条、十四条规定的,由城市园林绿化行政主管部门按照《城市绿化条例》第二十七条规定,视情节轻重予以处理。

第十八条 破坏古树名木及其标志与保护设施,违反《中华人民共和国治安管理处罚条例》的,由公安机关给予处罚,构成犯罪的,由司法机关依法追究刑事责任。

第十九条 城市园林绿化行政主管部门因保护、整治措施不力,或者工作人员玩忽职守,致使古树名木损伤或者死亡的,由上级主管部门对该管理部门领导给予处分;情节严重、构成犯罪的,由司法机关依法追究刑事责任。

第二十条 本办法由国务院建设行政主管部门负责解释。

第二十一条 本办法自发布之日起施行。

二、《苏州市古树名木保护管理条例》

苏州市古树名木保护管理条例

（2001年12月8日苏州市第十二届人民代表大会常务委员会第三十一次会议制定，2001年12月27日江苏省第九届人民代表大会常务委员会第二十七次会议批准，2002年3月12日施行。）

第一条 为了加强古树名木的保护管理，维护苏州历史文化名城风貌，根据有关法律、法规，结合本市实际，制定本条例。

第二条 本条例适用于本市行政区域内的古树名木保护管理。

第三条 本条例所称的古树，是指树龄在百年以上的树木。本条例所称的名木，是指珍贵、稀有的树木和具有历史价值、纪念意义的树木。

第四条 市、县级市绿化行政主管部门和林业行政主管部门（以下统称古树名木主管部门）按照同级人民政府确定的职权范围，负责古树名木保护管理工作。其主要职责：

（一）对古树名木进行调查登记，建立档案，设立标志。

（二）制定古树名木养护、管理方案，落实管护责任单位或者责任人，开展业务培训和技术指导。

（三）定期对古树名木生长和管护的情况进行监督检查。

（四）开展对古树名木保护的宣传教育、科学研究，推广应用科学研究成果，普及保护知识。

（五）受理与古树名木有关的投诉。

（六）法律、法规规定的其他职责。

各区人民政府及其有关部门按照市、区职责分工做好本行政区域内古树名木的保护管理工作。

第五条 古树名木分为一级和二级。树龄在三百年以上，或者特别珍贵、稀有，具有重要历史价值、纪念意义和景观作用的古树名木，为一级古树名木；其余为二级古树名木。市古树名木主管部门负责组织有关专家对古树名木进行鉴定分级，报市人民政府确认。

第六条 古树名木保护管理工作实行责任单位、责任人日常管护和主管部门专业管护相结合的原则。任何单位和个人都有保护古树名木及其附属设施的义务，对损伤、破坏古树名木的行为有权劝阻、检举和控告。

第七条 古树名木的日常管护责任单位或者责任人按照下列规定确定：

（一）机关、团体、部队、企业、事业单位和园林、风景名胜区、森林公园、林场、寺庙用地范围内的古树名木，由所在单位管护。

（二）铁路、公路、航道、河道用地范围内的古树名木，分别由铁路、公路、航道、河道部门管护。

（三）居住小区、居民庭院内不属于个人所有的古树名木，由物业管理单位或者街道办事处、镇人民政府指定专人管护。

（四）城镇道路、街巷、公共绿地的古树名木，由城镇绿化养护管理单位管护。

（五）农村集体所有土地上的古树名木，由土地使用人管护。

（六）个人所有的古树名木，由个人管护。古树名木主管部门应当与古树名木日常管护责任单位或者责任人签订管护责任书。管护责任单位或者责任人变更时，应当到古树名木主管部门办理管护责任转移手续。

第八条　古树名木的日常管护责任单位或者责任人，应当按照技术规范对古树名木进行养护、管理，发现树木受害或者长势衰弱的，应当及时报告古树名木主管部门。古树名木主管部门应当自收到报告之日起七日内，组织采取治理、复壮措施。古树名木的日常管护责任单位或者责任人，对治理、复壮经费确有困难的，由古树名木主管部门给予适当补贴。

第九条　古树名木主管部门负责古树名木的专业养护、管理，对一级古树名木每季组织检查一次；二级古树名木每半年组织检查一次。列入世界文化遗产名录的单位或者场所以及苏州园林、名居古宅内的二级古树名木，按照一级古树名木的要求进行检查、管理。古树名木主管部门应当选定有资质的专业队伍，从事古树名木的专业养护和治理、复壮工作。

第十条　各级人民政府应当每年安排一定经费用于古树名木的保护管理。鼓励单位和个人认养古树名木或者资助古树名木的保护管理。

第十一条　古树名木死亡，古树名木的日常管护责任单位、责任人应当报古树名木主管部门确认，查明原因，明确责任，经注销登记后方可处理。

第十二条　制定城乡建设规划，应当保护古树名木及其周围的生长环境和风貌。新建、改建、扩建的建设工程涉及古树名木的，建设单位必须提出避让和保护方案，经古树名木主管部门同意后，再办理有关建设审批手续。建设单位和施工单位必须按照避让和保护方案进行施工；古树名木主管部门应当主动监督、检查。

第十三条　任何单位和个人不得擅自移植古树名木。因特殊情况确需移植古树名木的，应当经市古树名木主管部门审核同意，报市人民政府批准。因特殊情况需要对古树名木截干、切根的，应当经古树名木主管部门批准。古树名木主管部门应当在收到移植或者截干、切根申请之日起十五日内，将处理意见答复申请人。

第十四条　生产和生活设施影响、危害古树名木生长的，有关单位和个人应当按照古树名木主管部门提出的要求，在限期内采取措施，消除危害。

第十五条　禁止下列损害古树名木的行为：

（一）砍伐古树名木。

（二）攀树折枝，剥损树皮，借用树干做支撑物，倚树搭棚。

（三）在树上缠绕绳索、挂物、钉钉、刻划。

（四）在树冠垂直投影外五米范围内挖坑取土、动用明火、排放烟气、堆放危害树木生长的物料、新建建筑物或者构筑物、倾倒有害的废水废渣。

（五）栽植缠绕树体的藤本植物。

（六）其他损害行为。

第十六条　对保护管理古树名木成绩显著的单位和个人，由当地人民政府或者古树名木主管部门给予表彰、奖励。

第十七条　有下列行为之一的，由古树名木主管部门予以处罚：

（一）违反本条例第八条规定，未按照技术规范养护、管理古树名木的，责令其改正。发现古树名木受害或者长势衰弱不及时报告造成古树名木损伤的，每株处以二百元以上一千元以下罚款；造成古树名木死亡的，每株处以二千元以上二万元以下罚款。

（二）违反本条例第十一条规定，未经确认死亡擅自处理古树名木的，每株处以二千元以上一万元以下罚款。

（三）违反本条例第十三条第一款规定，未经批准移植古树名木的，责令原地补植树木，并每株处以五千元以上一万元以下罚款；造成古树名木死亡的，处以损失费二倍以上三倍以下罚款。

（四）违反本条例第十二条第二款、第三款，第十三条第二款，第十四条，第十五条第（二）项、第（三）项、第（四）项、第（五）项、第（六）项规定的，责令改正，并对损伤古树名木较轻的，每株处以二百元以上一千元以下罚款；损伤古树名木较重的，处以损失费一倍以上二倍以下罚款；造成死亡的，处以损失费二倍以上三倍以下罚款。

（五）违反本条例第十五条第（一）项规定，砍伐古树名木的，责令原地补植树木，并处以损失费三倍以上五倍以下罚款；构成犯罪的，依法追究刑事责任。

第十八条　古树名木损伤鉴定办法由市人民政府制定。

第十九条　古树名木主管部门及其工作人员玩忽职守、滥用职权、徇私舞弊的，或者因保护、整治措施不力，不按时检查指导，致使古树名木损害严重或者死亡的，由其所在单位或者上级主管机关对其直接负责的主管人员和其他直接责任人员给予行政处分；构成犯罪的，依法追究刑事责任。

第二十条　本条例自2002年3月12日起施行。苏州市人民政府1984年10月16日发布的《苏州市古树名木保护管理暂行办法》同时废止。

第二节　古树名木监测预警标准

一、苏州古典园林古树名木生长现状与症状

1. 苏州古典园林古树名木生长现状与症状调查

课题研究人员于2008年8月1日至20日，对苏州市古城区的8处世遗园林（拙政园、留园、网师园、环秀山庄、沧浪亭、狮子林、耦园、艺圃）现存的86株古树名木，就树冠生长状况、树干生长状况、根际环境与根部生长状况、建议保护和预警措施、树体体量、树体生长势基本判断等项研究指标逐园逐株进行了调查。

2. 苏州古典园林古树名木生长现状与症状

（1）树势生长正常或基本正常，树干有凹穴，或有浅孔穴，或树干木质部有腐蚀裂沟，或树体量过大，须修补树干洞穴，或修补树干裂沟和采用防腐技术，或适当控制树体量的古树有55株。树种有：柏树、圆柏、柘树、黄杨、白皮松、木瓜、木香、银杏、黑松、椰榆、朴树、广玉兰、柿树、瓜子黄杨、香椿、南紫薇、罗汉松、紫藤、糙叶树、榉树、香樟、桂花、女贞、茶花。所属科有：柏科、桑科、黄杨科、松科、蔷薇科、银杏科、榆科、木兰科、柿树科、黄杨科、楝科、千屈菜科、罗汉松科、豆科、樟科、木犀科、山茶科。树龄为100～330年。树体存在的主要症状是：树干有凹穴，或树干有浅孔穴，或树干有浅洞穴，或树干木质部有腐蚀裂沟，或树体量稍大，或树冠体量有些过量。建议采取的保护技术或措施是：修补或填实树干浅洞穴、裂沟，应用古树体量控制技术，适量控制树势。涉及的园林有：拙政园、留园、网师园、环秀山

庄、沧浪亭、狮子林、耦园、艺圃。

（2）树势生长基本正常，或树势生长已显衰弱，或树势生长正常但树干须加强保护，或树势生长基本正常树干须持续保护，或树势生长较弱的古树有 10 株。树种有：圆柏、枫杨、枸骨冬青、木瓜、桂花。所属科有：柏科、胡桃科、蔷薇科、木犀科、冬青科。树龄为 100～260 年。树体存在的主要症状是：树干顶部及基部有多处洞穴口，或树干中空、顶部和基部有多处洞穴口，或树干基部有悬空洞穴、树干顶部有多处洞穴口；树干洞穴内侧木质腐蚀，树干木质部中空，有多处洞穴口；树干洞穴内侧木质部腐烂或腐蚀；树势较弱；树体倾斜。建议采取的保护技术或措施是：封实洞穴口，应用树根保护技术、树干防腐技术、根际环境改善技术及根系复壮技术，对树干添加支撑。涉及的园林有：拙政园、网师园、沧浪亭、狮子林。

（3）树势生长基本正常但树干须加强保护，或树势较弱须加强树干保护，或树势生长已基本恢复，或树势生长正常但主蔓须加强保护的古树名木有 13 株。树种有：枫杨、榔榆、紫薇、银杏、紫藤、罗汉松、女贞。所属科有：胡桃科、榆科、千屈菜科、银杏科、豆科、罗汉松科、女贞科。树龄为 100～600 年。树体存在的主要症状是：树干内侧木质部腐烂，树干顶部洞穴口渗漏；树干内侧木质部腐烂，树体倾斜；主蔓木质部腐烂；树干内侧木质部严重腐烂，主干有洞穴和洞穴口；树干基部支撑力较弱。建议采取的保护技术或措施是：封实洞穴口，应用树干防腐技术、主蔓防腐技术、古树体量控制技术，对树干添加支撑，对树干基部采取辅助支撑措施。涉及的园林有：拙政园、留园、网师园、沧浪亭、狮子林。

（4）树势生长基本正常，或主蔓须加强保护，或树势衰弱，或树势濒危的古树有 8 株。树种有：圆柏、柏木、紫藤、枣。所属科有：柏科、豆科、鼠李科。树龄为 100～920 年。树体存在的主要症状是：树干木质部腐蚀，树势濒危；树干木质部腐烂，树势衰弱；藤蔓吊挂处有腐蚀。建议采取的保护技术或措施是：应用树干防腐技术、根际环境改善技术及根系复壮技术，主蔓吊挂更换垫衬材料。涉及的园林有：拙政园、留园、网师园、狮子林。

二、苏州古典园林古树名木现状和症状分析与保护监测预警标准等级的制定

根据以上对苏州市古城区古典园林中 8 处世遗园林内古树名木生长现状的调查发现：

（1）树势生长正常或基本正常，树干仅有凹穴或浅孔穴或浅洞穴或腐蚀裂沟的古树名木共 55 株，占古树名木总数量的 64%。这部分树种只需要依据《苏州市古树名木保护管理条例》（2002 年 3 月 12 日施行）进行日常常规管理养护。

（2）树干腐蚀或腐烂，形成树干中空或洞穴，树干木质部大部分裸露、仅存少量树皮的古树名木共 26 株，占古树名木总数量的 30%，这部分树种保护须根据树干腐蚀、腐烂的具体特征，采用针对性的树干防腐技术和树干洞穴填充、修复技术进行特殊的保护。这些技术的选择应用，参见本章第三节《苏州古典园林古树名木保护技术措施规程》。

（3）树干腐蚀、腐烂，或根际环境不良，树势衰弱或濒危的古树名木共 5 株，占古树名木总数量的 5.8%，这部分树种的保护，须采用古树复壮技术，这些技术的选择应用，参见本章第三节《苏州古典园林古树名木保护技术措施规程》。

以上 86 株古树中，树体倾斜或根基悬空的古树名木共 6 株，占古树名木总数量的 7%，这部分树种的保护，须采用对树干加支撑或换支撑，或根部垒石护根等措施。树体体量须适度控制的古树名木共 7 株，占古树名木总数量的 8%，这部分树种的保护，须采用古树名木树种超体量树体控制技术，见本章第五节。

依据上述对苏州市古城区8处世遗园林内古树名木生长现状和症状的分析可知,苏州古典园林古树名木保护监测预警的重要对象和针对性研究内容确定的依据是树干腐蚀或腐烂、形成树干中空或洞穴、树干木质部大部分裸露。因此,本研究依据树干腐蚀或腐烂、形成树干中空或洞穴、树干木质部大部分裸露对古树名木生长的影响程度,将监测预警标准等级定为四个级,即Ⅰ级预警、Ⅱ级预警、Ⅲ级预警、Ⅳ级预警,分别用绿色、黄色、橙色和红色表示。监测预警保护等级由Ⅰ级至Ⅳ级逐级升高。

三、苏州古典园林古树名木各监测预警标准等级树种的树体现状及症状特征

1. 苏州古典园林古树名木监测预警Ⅰ级树体现状及症状特征

Ⅰ级预警(绿色)古树树体的主要特征是:树冠开张或较开张,枝叶分布均匀,叶色正常;树干总体健壮或正常;根际环境良好,根部正常;树势正常或基本正常。Ⅰ级预警古树树体的可能次要特征是:树干有凹穴或浅孔穴或浅洞穴,或树干木质部有腐蚀裂沟;树体体量轻度过量,或树冠体量轻度过量。

2. 苏州古典园林古树名木监测预警Ⅱ级树体现状及症状特征

Ⅱ级预警(黄色)古树树体的主要特征是:树冠生长正常,枝叶分布均匀,叶色正常;树干中空、树干上有多处洞穴口,或有敞开式大洞穴但树干粗壮;根际环境良好,根部正常;树势正常或基本正常。Ⅱ级预警古树树体的可能次要特征是:树冠枝叶生长较弱,树势较弱;树体轻度倾斜;构成树冠的树体次主干有腐烂洞穴口;树干已腐烂,仅存一侧树干支撑树体,仅存树干已经防腐处理保护,效果良好。

3. 苏州古典园林古树名木监测预警Ⅲ级树体现状及症状特征

Ⅲ级预警(橙色)古树树体的主要特征是:树冠的枝、叶生长基本正常;树主干(主蔓)木质部已腐烂或失去,仅有主干一侧树皮形成的"主干"支撑树体,或主干的木质部腐烂严重,主干木质部已腐烂而中空,树干形成从基部至顶部连通的洞穴;根际环境及根部生长状况属正常;树势生长基本正常。Ⅲ级预警古树树体的可能次要特征是:树冠开张茂密、枝叶生长亦良好;树势较弱;树体倾斜;树主干木质部已腐烂成自下而上连通的敞开口大洞穴,洞穴内侧已经防腐处理,防腐效果明显。

4. 苏州古典园林古树名木监测预警Ⅳ级树体现状及症状特征

Ⅳ级预警(红色)古树树体的主要特征是:树冠大部分枝叶已枯死,仅有少量枝叶仍存活,树冠生长很弱;树干(主蔓)基部木质部已部分腐烂,并长出真菌,主干基部木质已部分腐烂并与地面脱离,部分失去支撑能力,树干仅存一侧条带状树皮连通树体,或树干腐烂、腐蚀严重,多处已长出真菌,仅存树干一侧部分活树皮连通树体;树体倾斜;根际环境不良,须改善根际和根系生长环境;树势濒危。Ⅳ级预警古树树体的可能次要特征是:树冠枝叶生长较弱;藤蔓吊挂着力点处腐蚀;树势生长衰弱;树体重度倾斜。

四、苏州古典园林古树名木各监测预警标准等级树种的保护技术

1. Ⅰ级监测预警等级树种的保护技术

Ⅰ级监测预警等级树种除要依据《苏州市古树名木保护管理条例》(2002年3月12日施行)进行日常常规管理养护外,还要根据具体树种的生长现状,依据本章第三节《苏州古典园林古树名木保护技术措施规程》,对其中的部分古树名木树干实施修补或填实树干浅

洞穴、裂沟等措施。对其中部分轻度超体量古树,应用古树体量控制技术,适量控制树势。

2. Ⅱ级监测预警等级树种的保护技术

Ⅱ级监测预警等级树种要根据具体树种的症状,依据本章第三节《苏州古典园林古树名木保护技术措施规程》,须采用根际复壮技术,恢复树体生长势;密封或封实树干顶部与基部的洞穴口;树干加支撑;根部垒石护根;清除树干大洞穴内侧已腐烂的木质,消毒,涂抹防腐蚀保护剂;清除主干已腐烂木质,消毒,涂抹防腐保护剂。

3. Ⅲ级监测预警等级树种的保护技术

Ⅲ级监测预警等级树种要根据具体树种的症状,依据本章第三节《苏州古典园林古树名木保护技术措施规程》,须清除树干(主蔓)内侧已腐烂的木质部,消毒,涂抹防腐保护剂;树干加支撑;密封或封实树干顶部洞穴口;采用树体超体量控制技术;对树干基部采用合适的辅助支持措施;对主枝截面伤口的木质部进行涂抹防腐蚀保护剂处理。

4. Ⅳ级监测预警等级树种的保护技术

Ⅳ级监测预警等级树种要根据具体树种的症状,依据本章第三节《苏州古典园林古树名木保护技术措施规程》,须清理树干已腐烂的木质部,消毒,涂抹防腐保护剂;更换树干支撑或加支撑;采用根际和根系环境复壮技术,恢复树势;更换主蔓吊挂垫衬材料。

五、苏州古典园林古树名木保护的建议措施

(1)对8处世遗园林(拙政园、留园、网师园、环秀山庄、沧浪亭、狮子林、耦园、艺圃)中现存的86株古树名木,根据各树种的具体生长现状,建立树种、科属、树龄、栽植位置、编号、保护等级等基本信息档案。依据各树种的具体生长现状或症状,如树冠生长现状或症状、树干(蔓)生长现状或症状、根际和根系环境现状及根部现状或症状,建立拟采用的主要保护技术等技术档案。

(2)根据本研究调查的各古树名木树种的生长现状或症状及建议的主要保护技术,制订古树名木树种养护、管理方案,落实管护责任单位或者责任人,开展业务培训和技术指导。

(3)古树名木保护管理工作实行责任单位、责任人日常管护和主管部门专业管护相结合的原则。定期对古树名木生长和管护的情况进行监督检查。

(4)古树名木的日常管护责任单位或者责任人,应当按照本章第三节《苏州古典园林古树名木保护技术措施规程》或其他古树名木管理保护技术规范对古树名木进行养护管理。

(5)古树名木依据监测预警等级实行区别管理和保护。对于Ⅰ级监测预警等级树种实行责任单位负责,落实专人保护,按《苏州市古树名木保护管理条例》进行日常常规管理养护,每半年组织检查一次。对于Ⅱ级监测预警等级树种实行责任单位负责,落实专人保护,按《苏州市古树名木保护管理条例》、本章第三节《苏州古典园林古树名木保护技术措施规程》或其他古树名木管理保护技术规范进行保护,每季度组织检查一次。对于Ⅲ级监测预警等级树种实行责任单位负责,落实专业技术人员保护,按本章第三节《苏州古典园林古树名木保护技术措施规程》或其他古树名木管理保护技术规范进行保护,每两个月组织检查一次。对于Ⅳ级监测预警等级树种实行责任单位负责,落实专业技术人员保护,按本章第三节《苏州古典园林古树名木保护技术措施规程》或其他古树名木管理保护技术规范进行保护,每个月组织检查一次。

第三节 苏州古典园林古树名木保护技术措施规程

为了对苏州古典园林古树名木进行规范保护,特制定保护技术措施规程,该规程包括:总则、术语、古树名木的土肥水管理技术措施、古树名木的复壮管理技术措施、已损古树名木树干保护的修复技术措施、古树名木树冠管理技术措施、古树名木的树体保护与支撑等。

一、总则

(1) 为保护好苏州古典园林古树名木,科学规范古树名木保护和复壮技术措施,制定本规程。

(2) 本规程适用于苏州古典园林范围内的古树名木,其他需要特殊保护和复壮的古树名木,须根据古树名木的具体特征,参照执行。

(3) 本规程的制定参照了《苏州园林保护和管理条例》(2004年9月1日起施行)、《苏州市古树名木保护管理条例》(2002年3月12日施行)。

(4) 本规程所制定的古树名木保护管理技术或措施是由"苏州古典园林古树名木保护与监测预警标准研究"项目(项目编号:SS08055)支持,项目研究人员于2008年8月1日至20日对苏州古城区的拙政园、留园、网师园、环秀山庄、狮子林、沧浪亭、耦园、艺圃等8处世遗园林内的29个树种、19个科、25个属,树龄为100~920年的86株古树名木的生长现状、监测预警标准、所需管理与保护技术等进行针对性研究后提出的。

(5) 古树名木保护除应执行本规程外,尚应符合国家现行的有关标准。

二、术语

(1) 古树:树龄在一百年以上的树木。

(2) 名木:珍贵、稀有的树木和具有历史价值、纪念意义的树木。

(3) 古树名木分级:古树名木分为一级和二级。树龄在300年以上,或者特别珍贵、稀有,具有重要历史价值、纪念意义和景观作用的古树名木,为一级古树名木;其余为二级古树名木。

(4) 古树名木复壮:对生长衰弱或濒危的古树名木所进行的改善生长环境条件,促进生长,以达到恢复树势目的的措施。

(5) 根际环境:古树根系区域土壤的综合环境。

(6) 土壤矿质营养元素平衡:根系分布区域的土壤中,各种矿质元素含量的平衡关系。维持和调节营养元素平衡的目的,是使土壤中不发生元素缺失或元素过量。

三、古树名木的土肥水管理技术措施

1. 根际环境

符合树种特性要求的良好的根际环境是古树根系正常生长的最基本环境要求和条件,主要表现在根系环境土壤要具有较好的颗粒结构和良好的疏松性、透气性、滤水性,具有齐全而平衡的营养支持等。古树根际环境日常管理的主要技术或措施有:

(1) 古树名木生长的土壤应疏松、透气性好,有效孔隙度在 10% 以上,容重在 1.35g/cm³ 以下,pH 值在 6.5~7.5 之间,含盐量在 0.3% 以下。土壤立地条件发生改变,不适合古树名木生长的,应采取土壤改良措施。

(2) 距树干 5m 范围内不得采用硬铺装,如确需铺装,应采用适当透气的铺装材料。

(3) 在根际环境许可的条件下,古树名木根系区域应适时进行中耕锄草,并保护其周围的有益植被。

2. 浇水与排水

符合古树树种特性和季节性要求的水分环境是古树正常生长的重要条件之一。古树根际环境水分日常管理的主要技术或措施有:

(1) 每年必须浇足返青水和冻水。干旱的年份,春、夏两季旱时也要补水。无铺装情况下,浇水面积应不小于树冠垂直投影面积,浇水要浇足浇透。

(2) 古树名木生长的土壤含水量应在 7%~20% 之间。如果含水量过高,应做排水处理;如果含水量过低,应适量灌溉。

3. 施肥及营养元素平衡

古树经多年生长,会亏缺某些元素,若不进行施肥补缺,会影响树木的生长。古树根际环境施肥与营养日常管理的主要技术或措施有:

(1) 施肥应以有机肥为主,无机肥为辅,有机肥必须充分腐熟,也可根据土壤检测结果配制古树专用肥。

(2) 施肥应在吸收根密集分布区域内进行。

(3) 古树名木可每年施肥一次,施肥位置应轮换。施用有机肥以土壤解冻后树木萌芽前的早春或落叶后的晚秋为宜。

(4) 施肥必须根据树木的需要,及时施肥。施肥量应根据树种、树木生长势、土壤状况而定。施肥时应注意树木的物候期,依照肥料的种类,不施大肥、浓肥,应勤施淡肥。当土壤干旱时应及时补水,若有积水应及时排涝。

四、古树名木的复壮管理技术措施

在古树的保护和管理中,由于古树树龄较长,生理机能下降,会有一些古树的树势严重衰弱或濒危。对生长衰弱、濒临死亡的树木应加强复壮管理。对于树冠生长不良的,应找寻原因,对于土壤环境恶化的,应设法保护和促进根系生长,使地上和地下各部分生长活动平衡。采取的措施包括打孔、换土或加土、施肥等,改善根际土壤环境,以防止土壤过度紧实、营养不足或营养失衡。古树复壮管理的主要技术或措施有以下几种。

1. 松土、覆土、覆沙

有些古树出现较为明显的生长不良,可能是因为根际土壤板结或根际土壤的覆土保墒层厚度不够。对这类古树根际环境,可采用松土、覆沙、覆土等措施来改善树根的通气透水状况。另外,可采用培土、砌石台等措施来增加其根部的营养吸收面积,采用根部打孔与换土的方法来彻底改变其根系的生长环境,促使根系萌发新根,增加吸收根与土壤间的有效吸收面积,从而提高营养吸收能力和效率。

2. 增加客土

有些古树名木,因保护不力,水土流失严重,根部裸露在外;或原根际土壤板结、营养失衡等,已不具有古树根系生长所需要的土壤理化结构和性能,使古树根系生长受限。对这类古树根际环境,应在原根际土壤环境中增加部分客土,覆盖根际,改善根际土壤环境的理化结构和性能,以满足古树根系生长的需要。

3. 换土

有些古树出现较为严重的生长势衰弱,这是由于根际范围内的大部分土壤长期处于板结、营养贫瘠或失衡状态,抑制了根系的生长。对这类古树根际环境,必须进行换土。换土的主要技术或措施是:在树冠投影范围内,对大的侧根周围进行换土。换土时深挖0.5m(注意随时将暴露出来的根用浸湿的草袋盖上),把原来的土与沙土、腐殖土、腐熟的牲畜干粪和锯末、少量化肥和3%呋喃丹($3\sim5g/m^3$)混合之后重新填埋,随后充分灌水。

4. 扩大树池

有些古树由于根际范围的地面铺装面积过大、过于密封,树干基部树池又过小,根系环境长期不易透水透气,使古树生长不良。对这类古树根际环境,可扩大树池。树池可设置成方形、圆形或其他形状,树池大小可根据树木立地条件而定,尽量留大。在立地条件较好、人流较大的地方,树穴安装铁箅(与地面成一水平面),穴内放置鹅卵石,以增加通透性及涵养水分。

5. 阔叶类古树、古油松、古侧柏的适宜复壮基质

这类古树的复壮基质宜采用松树、栎树、槲树、杨树等的自然落叶,将60%的腐熟落叶和40%的半腐熟落叶混合,并加入适量的菜园土和必要的营养元素配制而成。

五、已损古树名木树干保护的修复技术措施

古树树干空心现象较普遍,多数是由于古树的木质部腐烂,造成大小不等的空洞,而木质腐烂的空洞又容易引起更严重的树干腐烂和病虫侵害,对古树的生长影响较大。因此,古树名木树体出现空洞,应及时采取修补、填充等处理技术或措施。

据调查分析,古树名木树干中空的主要原因是枝干遭各种因素毁损。创口小者可愈合,很少影响其生长和外观,而创口大者则无法愈合。残留枝干枯死后遭雨水侵蚀而腐朽,形成空洞,其甚者可丧失大部分树冠和枝干,危及古树生命。引起枝干毁损的主要原因是风、雨、雷电、病虫等自然灾害的危害和人为砍截、剥皮等。其次,各种原因导致生境恶化,如遮阴、铺地闷根、蓄水、污染等,也会致使古树生长衰竭而间接引起枝干枯死,进而腐蚀、腐烂,形成洞穴。

1. 古树名木树干腐朽中空的预防

要预防古树名木树干腐朽中空,首先在于防止其枝干毁损,其次是避免雨水侵入,创造条件使之尽快愈合。对于树干上由各种原因形成的小洞穴要及时处理。对于已形成的大型洞穴要根据洞穴和树体的具体情况尽早处理。防治洞穴形成和扩大的关键是避免雨水侵入,已经形成空洞的,要合理避水堵洞。对于根系和大部分树冠完好的古树,只要处理好受损树干的避水防腐问题,经过长期的管理保护,树干一般能够生长修复或部分生长修复。

2. 树干防腐技术常用试剂或材料

(1) 树干防腐消毒剂:常用的树干防腐消毒剂为3%~5%(质量分数)的硫酸铜水溶液,也可用1%的福尔马林液,还可用1%的波尔多液。

(2) 树干防腐保护剂:保护剂应选用容易涂抹、黏着性好、受热不融化、不透雨水、不腐

蚀树体组织、具有防腐消毒作用的溶剂。常用的树干防腐保护剂有水柏油（木焦油）、松香清油合剂种类的油漆等。

（3）树干洞穴补洞、填充材料：修补树洞穴的填充物应具有弹性好、质量较轻、对树干不产生污染和侵蚀等特性。常用的树干洞穴修补、填充材料有聚氨酯密封剂、聚硫密封剂等，也可用铁丝网加泥沙浆等材料。

（4）树干洞口密封或封实或小洞穴修补材料：常用的树干洞口密封或封实或小洞穴修补材料有水泥加107胶、三合土、青灰、木屑加桐油、木屑加乳胶等。

3. 树干防腐技术流程

（1）洞穴内部、内壁清理：清理树洞，扒除尘土，刮除腐朽部分，可用小铲刀、钢丝刷或毛刷进行清理，直至露出新鲜木质部。

（2）洞穴内部、内壁消毒：选用适宜的消毒剂喷洒树洞内壁2次，间隔30min。若洞壁有虫孔可用50倍氧化乐果溶液注射。

（3）空洞内壁涂保护剂：对空洞内壁均匀涂抹适宜的防腐保护剂，如水柏油（木焦油）、松香清油合剂等。

（4）洞穴补洞与填充：根据树干洞穴的大小及形状，选择合适的材料对树干洞穴进行修补或填充。

（5）洞口处理：根据洞穴口的大小和形态，选用合适的树干洞口密封或封实材料对洞穴口进行抹死抹实，最好再用密封剂将结合部的缝隙严密封死。洞口密封或封实材料应低于周皮层（即树皮）。

（6）外表修饰：为提高古树的观赏价值，按照随坡就势、因树赋形的原则，可采用粘树皮或局部造型等方法，对修补完的树洞进行修饰处理，恢复原有的形貌。

4. 不同类型树干洞穴防腐技术

（1）因自然灾害、病虫害或人为损坏造成的小型洞穴：对于这类小型洞穴，应先对树洞进行清理，然后用消毒剂消毒，再涂防腐保护剂，最后用合适的材料对洞穴进行封实。

（2）经多年腐蚀、腐烂而形成的大型洞穴：对于这类洞穴，常用的防腐处理技术或措施有：

① 不宜用树干洞口密封或封实材料处理的洞口，应在洞口加防雨水进入的遮盖等。

② 洞穴的处理应根据具体洞穴的实际情况，采用合适的洞穴处理技术。对于两端开口的洞穴，宜用聚氨酯密封剂或聚硫密封剂修补、填充；对于敞开式且树干粗壮的洞穴，宜对洞穴内壁进行消毒、涂抹防腐保护剂处理；对于半敞开式且树干瘦弱的洞穴，宜对洞穴内侧消毒、涂抹防腐保护剂后，用铁丝网加泥沙浆修补，最后做外表修饰和洞口密封、封实处理。

③ 对于树干的树皮已脱落、裸露木质部腐蚀或腐烂的古树，宜对树干清除腐蚀、腐烂木质部分，用消毒剂消毒，再进行涂抹防腐保护剂处理。

5. 填补树洞的时期

填补树洞这项工作，最好在树液停止流动的时期进行，即秋季落叶后到翌年早春前进行为宜。

六、古树名木树冠管理技术措施

1. 复壮古树树冠的修剪

对生长衰弱、濒临死亡的古树,应加强复壮工作。当树冠外围枝条衰老枯梢时,可采用回缩修剪,截去枯枝进行更新。修剪后加强肥水管理,勤施淡肥,促发新枝,组成茂盛的树冠。

2. 古树树冠的一般修剪

合理修剪有利于古树对营养的有效吸收,促使古树萌发新枝,促进古树生长。

（1）古树树冠的一般修剪首先要去除干枯枝、病虫枝,并在剪口处立即涂抹剪口处理剂,防止水分流失、雨水侵蚀和病虫侵害;修去过密枝条,可利通风,增强同化作用,且能保持良好树形。

（2）根据树势,合理删除弱枝和庇荫枝,避免折断枝、枯死枝形成空洞。删枝必须适时适度,要尽量保留其上部树冠,创造迅速愈合的条件。

（3）对生长势特别弱的古树要控制树势,减轻重量。

3. 已形成断枝的古树树冠修剪和整形

已形成断枝的古树应及时修整。修整原则是：一要使其能尽快愈合,二要避免雨水滞留侵入。具体做法是锯掉残留断枝,尽量使锯断面接近树液流动面（即残枝与主枝干的交接面）,并尽量与地面垂直。锯口要刨平滑,使雨水无法滞留,保持干燥不朽。遇锯断面朝向上方,无法避免雨水侵入滞留的,须用接蜡或无害涂料等封闭伤口,防止木质腐朽,且要逐年补封,直到愈合。还可采取加柱、拉靠等办法防止枝干折断、开裂。

4. 修剪适宜的时间及剪口处理

修剪宜在休眠期进行。修剪后应对剪口及时进行消毒和防腐处理。常用的剪口处理剂为油漆或封蜡（配制比例：动物脂肪 3 份、石蜡 2 份、松香 1 份）。

七、古树名木的树体保护与支撑

（1）古树名木应设围栏,保护树体和根系分布区的土壤。

（2）生长在高处、空旷地或树体高大的古树名木必须安设避雷装置。

（3）树体不稳或树体倾斜的古树名木,必须采取加固或支撑措施。对树干空朽、树冠生长不均衡、有偏重现象的树木,应在树木一定部位设立防风支架。支撑部位要垫衬耐腐蚀性缓冲物,不得损伤树皮。

（4）古树名木枝干悬索牵拉、腐朽树干的防腐固化、树体修饰与支撑应以保护为前提。

八、其他

1. 垒石护根

客土覆盖后,根据地形在根际周围垒石砌墙护根。

2. 打孔注药

对于树体高大的古树名木和喷雾药液难以到达的古树名木,常采用打孔注药、涂抹药液、施颗粒剂等方法进行病虫害防治。打孔注药是一种用人工或机械的方法在树上钻孔,然后往钻孔内注入一定量的农药原液,通过树干的输导组织,使药液遍布树体,从而防治害

虫的方法,此种防治方法主要对蛀干类害虫和刺吸类害虫防治效果好。由于古树一般较高大,防治方式主要采用打吊针的方法,该方法在实践中效果较好。一种新近研制的"古树名木生长延缓剂的输送装置"也可以进行这类应用(见本章第五节"古树名木树种超体量树体控制技术")。

3. 树干涂白剂

按水 1.5~2.0kg、生石灰 5.0~7.5kg、食盐 500g、黏土 1.0kg、石硫合剂原液 1.0kg(或硫黄粉 250g)的比例,先将生石灰和食盐溶解混匀,再倒入石硫合剂(或硫黄粉)和黏土拌匀,涂抹在树上以不流下为宜。以此方法防治越冬害虫及病原体,效果明显。

4. 挖沟施肥

在离树干 2.5m 处,挖一条宽 0.4m、深 0.6m 的半弧沟,按 1m 长沟撒尿素 250g、磷酸二氢钾 125g,每年春秋各施一次,在春季时施肥效果更好。沟施既能补充土壤肥力又能改良土壤,是目前古树名木施肥的一种常用方法。

九、用词说明

为便于在执行本规程条文时区别对待,对于要求严格程度不同的用词说明如下:

(1) 表示很严格,非这样做不可的:正面词采用"必须";反面词采用"严禁"。

(2) 表示严格,在正常情况下均应这样做的:正面词采用"应";反面词采用"不应"或"不得"。

(3) 表示允许稍有选择,在条件许可时,首先应这样做的:正面词采用"宜"或"适宜";反面词采用"不宜"。

(4) 表示有选择,在一定条件下可以这样做的,采用"可"。

第四节 苏州古典园林古树名木监测预警与保护

1997 年,苏州古典园林被联合国教科文组织世界遗产委员会列入《世界遗产名录》,这些古典园林包括拙政园、留园、网师园、环秀山庄、沧浪亭、狮子林、耦园、艺圃、退思园。本节主要对其中的 8 处古典园林(拙政园、留园、网师园、环秀山庄、狮子林、沧浪亭、艺圃、耦园)中的古树名木进行了研究。这 8 处古典园林中现存古树名木 86 株,其中监测预警等级为 I 级(绿色)的古树名木有 55 株,监测预警等级为 II 级(黄色)的古树名木有 10 株,监测预警等级为 III 级(橙色)的古树名木有 13 株,监测预警等级为 IV 级(红色)的古树名木有 8 株。以下介绍这 8 处苏州古典园林中古树名木的基本信息、树体生长基本状况和适宜的保护技术措施等。

一、拙政园古树名木各树种基本状况及保护技术措施

(一) I 级(绿色)监测预警树种

1. 柏木(*Cupressus funebris* Endl.)

(1) 基本信息。

调查序号	科	属	树龄(年)	栽植位置	保护等级
拙1号	柏科	柏木属	210	绣绮亭西侧	二级

(2) 树体生长基本状况(见图4-1)。

　　　树体状　　　　　　根际环境与根部状　　　　　树干中部凹穴状

图4-1　拙1号古树树体生长基本状况

① 树冠生长状况:树冠枝、叶生长正常,叶色为暗绿色。

② 树干生长状况:树干生长正常。70~100cm高处的周径约97cm,直径约30.1cm。

③ 根际环境与根部生长状况:根际环境及根部生长状况正常。根际土壤环境的营养应属基本平衡。

(3) 保护技术措施建议。

① 树干西侧2.5~3.0m高处有2处截枝形成的凹穴,建议对凹穴处清理腐蚀木质、消毒,涂防腐剂,以防对主干形成进一步腐蚀。

② 按《苏州古典园林古树名木保护技术措施规程》(本章第三节,下同)中"不同类型树干洞穴防腐技术"中的第(1)项和"树干防腐技术常用试剂或材料"中的第(4)项处理。

③ 暂不需要采用控制体量技术措施。

2. 圆柏[*Sabina chinensis*(L.) Ant.](一)

(1) 基本信息。

调查序号	科	属	树龄(年)	栽植位置	保护等级
拙3号	柏科	圆柏属	150	梧竹幽居北侧,三曲桥头南侧	二级

(2) 树体生长基本状况(见图4-2)。

① 树冠生长状况:树冠南侧有主枝已折伤,叶色为暗绿色,生长基本正常。

② 树干生长状况:树干生长基本正常,偏南倾斜约15°。70~100cm高处主干周径约89cm,直径约28cm。

③ 根际环境与根部生长状况:圆柏种植于水边,根际土壤含水量相对较高。由于圆柏不太耐水涝,水位高时会影响根系生长。从树冠的长势看,根系生长应属正常,根际土壤环

从南侧看树冠折伤枝状　　　　从东侧看树体倾斜状　　　　从西侧看树冠折伤枝状

图 4-2　拙 3 号古树树体生长基本状况

境的营养应属基本平衡。

（3）保护技术措施建议。

① 建议对树冠南侧已折伤树枝进行整修，防止树体进一步向南倾斜。

② 按《苏州古典园林古树名木保护技术措施规程》中"古树树冠的一般修剪"中的第（2）项和"已形成断枝的古树树冠修剪和整形"处理。

③ 暂不需要采用控制体量技术措施。

3. 圆柏 [*Sabina chinensis* (L.) Ant.]（二）

（1）基本信息。

调查序号	科	属	树龄（年）	栽植位置	保护等级
拙 6 号	柏科	圆柏属	130	雪香云蔚亭北侧	二级

（2）树体生长基本状况（见图 4-3）。

从北侧看树状　　　　　　从南侧仰视树干与树冠状

图 4-3　拙 6 号古树树体生长基本状况

① 树冠生长状况:树冠枝叶分布均匀,叶色为暗绿色,生长正常。

② 树干生长状况:树干生长正常,无腐蚀等症状。周径约46cm,直径约15cm。

③ 根际环境与根部生长状况:根际环境与根部生长状况正常。根际土壤环境的营养应属基本平衡。

(3)保护技术措施建议。

① 按《苏州市古树名木保护管理条例》进行常规管理养护。

② 不需要采用控制体量技术措施。

4. 柘树[*Cudrania tricuspidata*(Carr.)Bur.]

(1)基本信息。

调查序号	科	属	树龄(年)	栽植位置	保护等级
拙15号	桑科	柘属	120	荷风四面亭西南桥头	二级

(2)树体生长基本状况(见图4-4)。

① 树冠生长状况:树冠枝叶分布均匀,叶色为绿色,生长正常。

② 树干生长状况:树干生长正常。周径约91.5cm,直径约29cm。

③ 根际环境与根部生长状况:根际位于路边临水环境。从树冠的长势看,根系生长应属正常,根际土壤环境的营养应属基本平衡。

(3)保护技术措施建议。

① 按《苏州市古树名木保护管理条例》进行常规管理养护。

② 暂不需要采用控制体量技术措施。

从东侧看树体状

图4-4 拙15号古树树体生长基本状况

5. 黄杨[*Buxus sinica*(Rehd. et Wils.)Cheng]

(1)基本信息。

调查序号	科	属	树龄(年)	栽植位置	保护等级
拙19号	黄杨科	黄杨属	130	香洲南侧	二级

(2)树体生长基本状况(见图4-5)。

① 树冠生长状况:树冠枝叶生长正常,叶色为绿色。

② 树干生长状况:树干中部有一处浅孔穴,长25~30cm,宽2~3cm,深3cm。

③ 根际环境与根部生长状况:根际环境与根部的地面表层为土壤,从树冠的长势看,根系生长应属正常,根际土壤环境的营养应属基本平衡。

(3)保护技术措施建议。

① 建议对树干西侧中部的浅孔穴进行封实处理,防止树干受侵蚀。

② 按《苏州市古树名木保护管理条例》进行常规管理养护。

 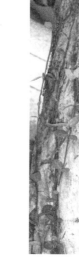

| 树体状 | 树干西侧背部的浅孔穴状 |

图 4-5　拙 19 号古树树体生长基本状况

③ 按《苏州古典园林古树名木保护技术措施规程》中的"不同类型树干洞穴防腐技术"中的第(1)项处理。

④ 不需要采用控制体量技术措施。

6. 白皮松(*Pinus bungeana* Zucc.)

(1) 基本信息。

调查序号	科	属	树龄(年)	栽植位置	保护等级
拙 21 号	松科	松属	120	十八曼陀罗馆南侧庭院	二级

(2) 树体生长基本状况(见图 4-6)。

① 树冠生长状况：树冠生长良好，枝叶分布均匀，叶色为暗绿色。

② 树干生长状况：树干生长健壮。周径约 200cm，直径约 64cm。

③ 根际环境与根部生长状况：根际环境与根部位于条石铺地下层。从树势生长情况看，根系应生长良好，根系营养平衡。

(3) 保护技术措施建议。

① 按《苏州市古树名木保护管理条例》进行常规管理养护。

② 暂不需要采用控制体量技术措施。

从东侧看树冠状　　　　　　　　主干、主枝状

图 4-6　拙 21 号古树树体生长基本状况

7. 木瓜 [*Chaenomeles sinensis* (Thouin) Koehne]

（1）基本信息。

调查序号	科	属	树龄（年）	栽植位置	保护等级
拙 22 号	蔷薇科	木瓜属	120	倒影楼北侧	二级

（2）树体生长基本状况（见图 4-7）。

① 树冠生长状况：树冠枝叶生长正常，叶色为绿色。

树干与部分树冠状　　　　　　　　主干状

图 4-7　拙 22 号古树树体生长基本状况

② 树干生长状况:树干离地面约120cm处分二次主枝,生长正常。
③ 根际环境与根部生长状况:根际环境与根部部分位于碎石席纹地面下层,部分位于麦冬植被地面下层。从树冠的长势看,根系生长应属正常,根际土壤环境的营养应属基本平衡。

(3) 保护技术措施建议。
① 按《苏州市古树名木保护管理条例》进行常规管理养护。
② 暂不需要采用控制体量技术措施。

8. 木香(*Rosa banksiae* Ait.)

(1) 基本信息。

调查序号	科	属	树龄(年)	栽植位置	保护等级
拙 23 号	蔷薇科	蔷薇属	120	倒影楼北侧	二级

(2) 树体生长基本状况(见图 4-8)。

从南侧看树体状

从东侧看主枝蔓状

图 4-8　拙 23 号古树树体生长基本状况

① 树冠生长状况:树冠由圆锥形竹架支撑,树冠生长良好,叶色为绿色。枝蔓于架上分布均匀。
② 树干生长状况:7 条主蔓生长正常。
③ 根际环境与根部生长状况:根际环境与根部位于高约 40cm 的花台上。从树冠的长势看,根系生长应属正常,根际土壤环境的营养应属基本平衡。

(3) 保护技术措施建议。
① 按《苏州市古树名木保护管理条例》进行常规管理养护。
② 暂不需要采用控制体量技术措施。

(二) Ⅱ级(黄色)监测预警树种

1. 圆柏[*Sabina chinensis*(L.) Ant.]

(1) 基本信息。

调查序号	科	属	树龄(年)	栽植位置	保护等级
拙4号	柏科	圆柏属	140	待霜亭南侧	二级

(2) 树体生长基本状况(见图4-9)。

树冠状　　　　　　　　　树干状　　　　　　　根际与根部环境状

图4-9　拙4号古树树体生长基本状况

① 树冠生长状况:树冠枝、叶生长势较弱,冠径约1m,叶色为暗绿色。

② 树干生长状况:树干高7~8m,树干生长正常。周径约61cm,直径约19cm。

③ 根际环境与根部生长状况:根际环境与根部位于土石山的路边土壤。从树冠的长势看,根系生长不良。

(3) 保护技术措施建议。

① 建议对根部更换部分营养土,改善根际环境,使树势尽快复壮。

② 按《苏州古典园林古树名木保护技术措施规程》中的"古树名木的复壮管理技术措施"中的第3条和第5条处理。

③ 暂不需要采用控制体量技术措施。

2. 枫杨(*Pterocarya stenoptera* C. DC.)(一)

(1) 基本信息。

调查序号	科	属	树龄(年)	栽植位置	保护等级
拙7号	胡桃科	枫杨属	130	倚虹门南侧	二级

(2) 树体生长基本状况(见图4-10)。

树冠状　　　　树干离地3.5m处洞穴口　　　　树干基部西侧洞穴口

树干基部北侧3个洞穴口　　　　树干洞穴内部被腐蚀状

树干东侧顶部已被腐蚀形成洞穴口　　　树干东侧临水池处，根部由黄石垒叠保护

图4-10　拙7号古树树体生长基本状况

① 树冠生长状况：树冠的枝叶分布均匀，叶色为黄绿色，生长正常。

② 树干生长状况：树干中部已中空，树干基部西、北向共有 4 个洞穴口。树干离地面约 3.5m 处有洞穴口 1 处，洞穴深 4m 以上，洞穴基部直径约 60cm。树干高 7~8m，顶部已被截干，洞穴疑是主干离地面约 3.5m 处被截干后，受雨水、腐生真菌长期腐蚀所形成。树干高 70~100cm 处周径约 360cm，直径约 115cm。

③ 根际环境与根部生长状况：根际环境与根部东侧临水，但由于黄石垒叠池壁护根，树根应生长良好。从树冠的长势看，根系生长应属正常，根际土壤环境的营养应属基本平衡。

（3）保护技术措施建议。

① 树干微向东侧倾斜，且已被腐蚀而中空，树干承载树冠的重量较大，如遇大风或强台风，树干有向东倾倒或折断的风险。建议在树干的东侧添加一长木桩作支撑。

② 用合适的填充材料填充树干洞穴。

③ 封实树干顶部与基部洞穴口，防止树干内洞穴木质进一步腐蚀。

④ 按《苏州古典园林古树名木保护技术措施规程》中的"不同类型树干洞穴防腐技术"中的第（1）项和第（2）项处理。

⑤ 暂不需要采用控制体量技术措施。

3. 枫杨（*Pterocarya stenoptera* C. DC.）（二）

（1）基本信息。

调查序号	科	属	树龄(年)	栽植位置	保护等级
拙 10 号	胡桃科	枫杨属	130	志清意远北庭院	二级

（2）树体生长基本状况（见图 4-11）。

① 树冠生长状况：树冠枝叶生长良好，叶色为黄绿色，生长正常。

② 树干生长状况：树干挺直，从外表看树干健壮，但树干从顶部至基部有洞穴。基部洞穴直径约 46cm，顶部洞穴直径约 30cm。树干离地 70~100cm 处周径约 315cm，直径约 100cm。

③ 根际环境与根部生长状况：根际环境与根部位于碎石铺地庭院。从树冠的长势看，根系生长应属正常，根际土壤环境的营养应属基本平衡。

（3）保护技术措施建议。

① 建议树干洞穴内部采用防腐材料填充措施。

② 封实树干顶部与基部洞穴口，防止雨水等渗漏进树干洞穴。

③ 按《苏州古典园林古树名木保护技术措施规程》中的"不同类型树干洞穴防腐技术"中的第（1）项和第（2）项中的第②小项处理。

④ 暂不需要采用控制体量技术措施。

| 树干基部状 | 树干基部洞穴口状 | 树干顶部洞穴口状 |

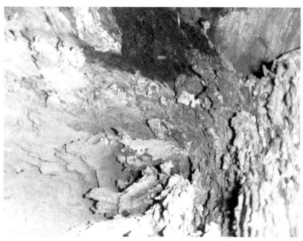 

| 树干洞穴内部及其腐烂状 | 树干及树冠状 |

图 4-11　拙 10 号古树树体生长基本状况

4. 枫杨（*Pterocarya stenoptera* C. DC.）（三）

（1）基本信息。

调查序号	科	属	树龄(年)	栽植位置	保护等级
拙 11 号	胡桃科	枫杨属	100	梧竹幽居南侧	二级

（2）树体生长基本状况（见图 4-12）。

① 树冠生长状况：树冠开张，枝叶茂密，枝分布均匀，叶色为黄绿色。树冠东侧有 2 处三级分枝被截伤口。

② 树干生长状况：树干高 7～8m，树干离地约 3m 处有一水平截面伤口。树干基部有悬空大洞穴，洞穴从基部悬空处直通离地面约 3m 高处的主干截干伤口处。树干离地 70～100cm 处周径约 250cm，直径约 80cm。基部洞穴直径约 57cm。

树干基部洞穴状

主干洞穴内部腐烂状

从北侧看树干及部分树冠状

西侧根悬空及洞穴口状

从北侧看树体状

图 4-12 拙 11 号古树树体生长基本状况

③ 根际环境与根部生长状况：根部已大部分悬空裸露，悬空高度约 64cm。从树冠的长势看，根系生长应属正常，根际土壤环境的营养应属基本平衡。

（3）保护技术措施建议。

① 根部建议垒石固根保护，清除根基部洞穴内侧已腐烂的木质，消毒，涂抹防腐保护剂。

② 树干上有 4 处截干伤口，应对伤口采取防雨水渗漏腐蚀保护措施。洞穴疑是由于主干截干截面呈水平状，且长期裸露未经过保护处理所致。

③ 按《苏州古典园林古树名木保护技术措施规程》中的"古树名木的复壮管理技术措施"中的第 1 条和"不同类型树干洞穴防腐技术"中的第（2）项第②小项及"古树名木树冠管理技术措施"中的第 3 条处理。

④ 暂不需要采用控制体量技术措施。

5. 枫杨（*Pterocarya stenoptera* C. DC.）（四）

（1）基本信息。

调查序号	科	属	树龄（年）	栽植位置	保护等级
拙13号	胡桃科	枫杨属	120	见山楼西曲廊东侧	二级

（2）树体生长基本状况（见图4-13）。

树干朝南向洞穴口状　　树干南侧及部分树冠状　　树根基部北侧小洞穴口状

树干洞穴内部腐蚀状

图4-13　拙13号古树树体生长基本状况

① 树冠生长状况：树冠开张、茂密，枝叶分布均匀，叶色为黄绿色，生长正常。

② 树干生长状况：树干离地1.3~3m处有一处朝西南向的大洞穴口。洞穴基部北侧有小洞穴。周径约290cm，直径约92cm。

③ 根际环境与根部生长状况：根际环境与根部位于长廊东侧的土山上。从树冠的长势看，根系生长应属正常，根际土壤环境的营养应属基本平衡。

（3）保护技术措施建议。

① 建议对树干大洞穴内侧已腐烂的木质进行清除,消毒,涂抹防腐保护剂。

② 按《苏州古典园林古树名木保护技术措施规程》中的"树干防腐技术常用试剂或材料"中第(1)项和"不同类型树干洞穴防腐技术"中第(2)项中的第②小项处理。

③ 暂不需要采用控制体量技术措施。

6. 枸骨冬青(*Ilex cornuta* Lindl.)

（1）基本信息。

调查序号	科	属	树龄(年)	栽植位置	保护等级
拙20号	冬青科	冬青属	200	香洲西庭院北侧	二级

（2）树体生长基本状况(见图4-14)。

树体状　　　　　　　仅存西侧树皮的主干状　　　　已经防腐蚀处理的树干状

图4-14　拙20号古树树体生长基本状况

① 树冠生长状况:树冠枝叶生长良好,叶色为绿色。

② 树干生长状况:树干木质部已失去,仅存西侧约3/5的树皮作为"主干"支撑树体,树干木质部已经过防腐剂涂抹保护,防腐保护效果明显。树干西侧树皮宽约51cm,树皮厚约5cm,树干直径约25cm。

③ 根际环境与根部生长状况:根际环境与根部于砖席纹地面下层,根系周围直径1.5m范围为土壤地面。从树冠的长势看,根系生长应属正常,根际土壤环境的营养应属基本平衡。

（3）保护技术措施建议。

① 树体的树干已保护良好,须持续保护。

② 暂不需要采用控制体量技术措施。

(三) Ⅲ级(橙色)监测预警树种

1. 枫杨(*Pterocarya stenoptera* C. DC.)(一)

(1) 基本信息。

调查序号	科	属	树龄(年)	栽植位置	保护等级
拙8号	胡桃科	枫杨属	130	绣绮亭北侧	二级

(2) 树体生长基本状况(见图4-15)。

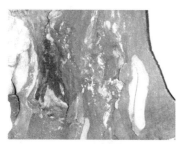
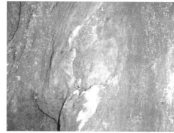
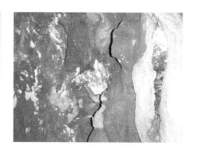

树干基部东侧不同部位腐烂状

树干中上部2~3m处，　　树干东侧及部分树冠状　　树干基部西侧多处洞穴状
内侧已长青苔状

图4-15　拙8号古树树体生长基本状况

① 树冠生长状况：从高约3m的树皮顶部生长出直径约20cm的次主干及其枝叶，形成树冠。树冠的枝叶生长基本正常，叶色为黄绿色。

② 树干生长状况：树干基部约3m的主干部分的木质及东、南、北三方向的树皮已全部失去，仅存留西部树皮。树干离地面70~100cm处树皮宽约210cm，树皮厚约6cm。离地面70cm处，洞穴直径约118cm，树干基部已有多处孔洞。

③ 根际环境与根部生长状况：根际环境及根部生长状况应属正常，根际土壤环境的营养应属基本平衡。

（3）保护技术措施建议。

① 由于整个树体的支撑全靠树干西侧仅存的厚约6cm的树皮，且树皮内侧的木质已腐烂，有多处青苔生长腐蚀，支撑能力非常有限，建议尽快清除树干内侧已腐烂的木质部，消毒，涂防腐保护剂，以防雨水侵蚀。

② 树体已明显向西侧倾斜，角度约偏西35°，建议在树干西侧添加木质支撑。

③ 按《苏州古典园林古树名木保护技术措施规程》中的"不同类型树干洞穴防腐技术"中的第(2)项中的第②小项处理。

④ 暂不需要采用控制体量技术措施。

2. 枫杨（*Pterocarya stenoptera* C. DC.）（二）

（1）基本信息。

调查序号	科	属	树龄（年）	栽植位置	保护等级
拙9号	胡桃科	枫杨属	160	远香堂东南侧	二级

（2）树体生长基本状况（见图4-16）。

树干离地面约4m处深洞穴内腐蚀状　　树干洞穴基部腐烂状　　树干西侧敞开洞穴状

从西北侧看树体状　　从西南侧看树体状　　从西南侧看树干洞穴口状

图4-16　拙9号古树树体生长基本状况

① 树冠生长状况：树冠开张，茂密，枝叶生长良好，叶色为黄绿色。树冠的二级枝干或三级枝干已被截顶，截枝断面未做保护措施。

② 树干生长状况：树干主干高约4m、中空，主干木质部已全部腐烂成空洞，有自下而上的敞开式洞穴。树干微偏东南向倾斜。树干的东南侧已有木杆支撑。树干离地面70～100cm处周径约550cm，直径约175cm。树干基部洞穴直径约145cm。

③ 根际环境与根部生长状况：根际环境与根部东临云墙，西有黄石台阶。从树冠的长势看，根系生长应属正常，根际土壤环境的营养应属基本平衡。

（3）保护技术措施建议。

① 清除树干洞穴内侧已腐烂木质部分，消毒，涂抹防腐保护剂，防止树干木质部进一步腐蚀而腐烂。

② 对树干顶部洞穴口进行封实处理，防止雨水进入树干洞穴。

③ 按《苏州古典园林古树名木保护技术措施规程》中的"不同类型树干洞穴防腐技术"中的第（1）项和第（2）项中的第②小项处理。

④ 古树已显体量过大，根基抵压东侧云墙，应研究采用控制体量技术措施。

3. 枫杨（*Pterocarya stenoptera* C. DC.）（三）

（1）基本信息。

调查序号	科	属	树龄（年）	栽植位置	保护等级
拙12号	胡桃科	枫杨属	140	见山楼西侧，廊西北侧	二级

（2）树体生长基本状况（见图4-17）。

① 树冠生长状况：树冠开张、茂密，枝叶生长正常，叶色为黄绿色。树冠顶部主干已被截顶。

② 树干生长状况：树主干木质部已腐烂成自下而上连通的敞开式大洞穴，洞穴内侧已经过防腐处理，防腐效果明显。树干西北侧树皮宽约285cm，树皮厚约12cm，树干直径约127cm。洞穴直径约106cm。树体向西北侧倾斜约45°。

③ 根际环境与根部生长状况：根际环境与根部位于土缓坡。从树冠的长势看，根系生长应属正常，根际土壤环境的营养应属基本平衡。

（3）保护技术措施建议。

① 由于树干西北侧的圆木撑较细弱，难以支撑该树树体强大的重量，建议尽快更换更加结实的圆木撑或水泥钢筋支撑。

② 按《苏州古典园林古树名木保护技术措施规程》中的"古树名木的树体保护与支撑"中的第（3）项处理。

③ 暂不需要采用控制体量技术措施。

中上部树干及部分树冠状　　　　树干西北侧圆木支撑状

树干主干及洞穴状　　　　　　　支撑顶部的着力点状

图 4-17　拙 12 号古树树体生长基本状况

4．榔榆（*Ulmus pumila* L.）

（1）基本信息。

调查序号	科	属	树龄（年）	栽植位置	保护等级
拙 14 号	榆科	榆属	150	松风水阁西侧	二级

（2）树体生长基本状况（见图 4-18）。

①树冠生长状况：树冠茂密，较开张，枝叶分布均匀，叶色为绿色，生长正常。

②树干生长状况：主干木质部已全部失去，仅存北侧的树皮构成"树干"，树皮约占树干表面积的 4/7，树干北侧树皮有多处洞穴口。树干周径约 240cm，直径约 76cm，洞穴直径约 73cm。

③根际环境与根部生长状况：根际环境与根部位于松风水阁西南侧临水叠岸的抱角石土台上。从树冠的长势看，根系生长应属正常，根际土壤环境的营养应属基本平衡。

　　　树体状　　　　　　　根际环境状　　　　　　洞穴基部状

 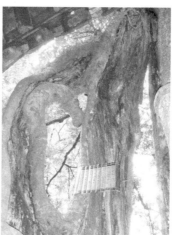

树干上洞穴状

图 4-18　拙 14 号古树树体生长基本状况

（3）保护技术措施建议。

① 建议对主干洞穴南侧已腐烂的木质进行清除，消毒，涂抹防腐蚀保护剂。

② 按《苏州古典园林古树名木保护技术措施规程》中的"树干防腐技术常用试剂或材料"中的第（1）项和"不同类型树干洞穴防腐技术"中的第（2）项中的第②小项处理。

③ 需要采用控制体量技术措施，否则树体向南倾斜会损坏"松风水阁"和"小沧浪"建筑。

5. 银薇（*Lagerstroemia indica* cv. Alba）

（1）基本信息。

调查序号	科	属	树龄（年）	栽植位置	保护等级
拙 18 号	千屈菜科	紫薇属	190	香洲南侧	二级

（2）树体生长基本状况（见图4-19）。

树干基部北侧树皮状　　　树干基部树皮及树干内侧防腐措施　　　树干东侧树皮状

树干东侧圆木支撑及树冠状　　　树干内侧自基部至顶部状　　　树干树皮内侧状

图4-19　拙18号古树树体生长基本状况

① 树冠生长状况：树冠枝叶生长正常，夏季树冠有许多白色花序，叶色为绿色。

② 树干生长状况：树干的木质部分已全部失去，仅存东侧及南、北向部分树皮形成的"树干"。树干向东倾斜约20°。树皮内侧已涂抹的防腐油漆具有很好的防腐效果。树干东侧已有圆木支撑。树干高6~7m，直径约34cm，仅存树皮厚约2cm，宽约70cm。

③ 根际环境与根部生长状况：根际环境与根部的地面表层为土壤，从树冠的长势看，根系生长应属正常，根际土壤环境的营养应属基本平衡。

（3）保护技术措施建议。

① 由于树干基部的树皮孔洞较多，有支撑作用的树皮较少，因此需要对树干基部采取特殊的加固措施。

② 按《苏州古典园林古树名木保护技术措施规程》中的"古树名木的树体保护与支撑"中的第(3)项和"古树名木的复壮管理技术措施"中的第1条处理。

③ 暂不需要采用控制体量技术措施。

（四）Ⅳ级（红色）监测预警树种

1. 圆柏[Sabina chinensis(L.)Ant.]（一）

（1）基本信息。

调查序号	科	属	树龄（年）	栽植位置	保护等级
拙2号	柏科	圆柏属	320	倚玉轩南侧	一级

（2）树体生长基本状况（见图4-20）。

① 树冠生长状况：树冠枝叶分布及叶色正常，叶色为暗绿色。

② 树干生长状况：树主干高6~7m。树干基部木质部已部分腐烂并与地面脱离，部分失去支撑能力，长有蘑菇真菌。

树干离地70~100cm处，仅东侧及南侧存有树皮，宽约49cm，厚约3.5~4cm，活树皮从基部连通树冠主干顶部，承担输送养分功能。70~100cm高处周径约118cm，直径约37cm。树干北侧已有一圆木撑，但木撑基部已开始腐烂。树干向北倾斜约45°。

③ 根际环境与根部生长状况：根基部北侧树皮与木质良好，根生长于山石花台上。从树冠的长势看，根系生长应属正常，根际土壤环境的营养应属基本平衡。

（3）保护技术措施建议。

① 清理树干已腐烂的木质部分，消毒，涂抹防腐保护剂，防止雨水、真菌进一步侵蚀。

② 尽快更换北侧的圆木撑，但由于原木撑支撑点部分已被生长的树干包裹，更换时应特别注意对树干南侧洞穴口的封涂，防止雨水渗漏，腐蚀中部树干的木质部。

③ 尽快采取措施加固树根部位。否则遇大风或台风，树体有向北侧倾倒从而压塌"倚玉轩"的危险。

④ 按《苏州古典园林古树名木保护技术措施规程》中的"不同类型树干洞穴防腐技术"中的第（2）项中的第③小项处理。

⑤ 暂不需要采用控制体量技术措施。

树干基部木质部分腐烂状

树冠状　　　　　　树体向北侧倾斜状　　　　北侧圆木支撑点部分
　　　　　　　　　　　　　　　　　　　已被生长的树干包裹状

树干东侧的树皮状　　　北侧圆木支撑基部已开始腐烂状

图 4-20　拙 2 号古树树体生长基本状况

2. 圆柏[*Sabina chinensis*(L.)Ant.](二)

(1) 基本信息。

调查序号	科	属	树龄(年)	栽植位置	保护等级
拙5号	柏科	圆柏属	210	雪香云蔚亭北侧	二级

(2) 树体生长基本状况(见图 4-21)。

   树干中上部与树冠状　　　　　东南侧主干腐烂状　　　　东南侧主干中上部东侧腐烂状

    西北侧主干上浅孔穴　　　　　　　　　　根际环境与根部状

图 4-21　拙 5 号古树树体生长基本状况

 ① 树冠生长状况：两枝次主干形成的树冠生势都很弱，东侧次主干树冠仅存极少枝叶。

 ② 树干生长状况：树干离地约 1m 高处分出两枝次主干，东侧次主干的木质部已部分腐烂，北侧有部分活树皮连通树冠。西北侧次主干上有多处小洞穴。树干周径约 85cm，直径约 27cm。

 ③ 根际环境与根部生长状况：根际环境与根部位于临水缓土坡，已用小片石垒砌护坡。从树冠的长势看，根系生长不良，根际土壤环境须进行垒石填土护根处理，使树势尽快复壮。

 （3）保护技术措施建议。

 ① 建议对东侧次主干已腐烂的木质进行清除，涂抹防腐剂。

 ② 西北侧次主干上的多处小洞穴须用防渗漏材料进行封实处理，防止引起主干木质腐蚀。

 ③ 北侧根际土坡应重新进行垒石填土护根处理，改善根系生长环境，使古树尽快复壮。

 ④ 按《苏州古典园林古树名木保护技术措施规程》中的"古树名木的复壮管理技术措施"中的第 2 条及第 5 条和"不同类型树干洞穴防腐技术"中的第（1）项及第（2）项中的第

③ 小项处理。

⑤ 暂不需要采用控制体量技术措施。

3. 紫藤（*Wistaria sinensis* Sweet）

（1）基本信息。

调查序号	科	属	树龄（年）	栽植位置	保护等级
拙16号	豆科	紫藤属	430	园林博物馆进门庭院	一级

（2）树体生长基本状况（见图4-22）。

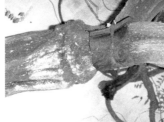

紫藤树体状　　　　　　　　　吊挂着力点处腐蚀状

图4-22　拙16号古树树体生长基本状况

① 树冠生长状况：树冠枝蔓分布稠密，均匀分布于庭院水泥支架上，叶色为绿色，支架藤蔓下层有少数黄叶。

② 树干生长状况：主蔓扭曲、横卧。主蔓木质已失去，仅存西侧树皮。主蔓直径约43cm。腐烂木质已清除，并经过防腐保护剂涂抹保护，保护效果良好。悬空主蔓的挂吊处，由于着力点垫了不透气不滤水的车轮胎皮，着力点处树皮已显腐蚀状。

③ 根际环境与根部生长状况：从枝蔓长势看，根系生长应属良好，根际土壤环境的营养应属基本平衡。

（3）保护技术措施建议。

① 有4处吊挂着力点应更换位置，建议在主蔓着力点下垫的轮胎橡胶材料上扎孔滤水，或更换成其他耐磨滤水材料。

② 建议对主干内侧木质部分再进行一次涂抹防腐保护剂处理。

③ 按《苏州古典园林古树名木保护技术措施规程》中的"树干防腐技术常用试剂或材料"中的第（1）项和第（2）项处理。

④ 暂不需要采用控制体量技术措施。

4. 枣（*Zizyphus jujube* Mill.）

（1）基本信息。

调查序号	科	属	树龄（年）	栽植位置	保护等级
拙17号	鼠李科	枣属	100	雪香云蔚亭西侧	二级

（2）树体生长基本状况（见图4-23）。

从北侧看树体状

树冠及结实状

从南侧看树干状

树干背部腐烂状

树干中上部腐蚀状

树干上已长出黑木耳状

图4-23　拙17号古树树体生长基本状况

① 树冠生长状况:树冠仅南侧有一枝,但该枝生长良好,枝上挂满小枣,叶色为绿色。
② 树干生长状况:树干向南倾斜约45°。树干腐烂、腐蚀严重,多处已长出真菌蘑菇(疑是黑木耳),仅存南侧部分活树皮维持树冠营养输送。树干周径约73cm,直径约23cm。
③ 根际环境与根部生长状况:根际环境与根部位于雪香云蔚亭西侧的土山坡上,从仅存的树冠生长与结实看,根系生长应属正常,根际土壤环境的营养应属基本平衡。

(3) 保护技术措施建议。
① 建议清除主干已腐蚀、腐烂的木质,消毒,涂抹防腐保护剂。
② 按《苏州古典园林古树名木保护技术措施规程》中的"树干防腐技术常用试剂或材料"中的第(1)项和第(2)项处理。
③ 暂不需要采用控制体量技术措施。

二、留园古树名木各树种基本状况及保护技术措施

(一) Ⅰ级(绿色)监测预警树种

1. 银杏(*Ginkgo biloba* L.)(一)

(1) 基本信息。

调查序号	科	属	树龄(年)	栽植位置	保护等级
留1号	银杏科	银杏属	120	舒啸亭西侧	二级

(2) 树体生长基本状况(见图4-24)。

从东北侧树下仰视树干与部分树冠状　　从东南侧看树干基部状　　从南侧看根部生长环境状

图4-24　留1号古树树体生长基本状况

① 树冠生长状况:树冠茂密,枝叶分布均匀,叶色为绿色,生长正常。
② 树干生长状况:树干健壮、直立、挺拔。周径约168.5cm,直径约54cm。
③ 根际环境与根部生长状况:根际环境与根部位于舒啸亭所在假山西北端山坡处。从树冠的长势看,根系生长应属正常,根际土壤环境的营养应属基本平衡。

(3) 保护技术措施建议。
① 按《苏州市古树名木保护管理条例》进行日常养护管理。

② 暂无须采用控制体量技术措施。

2. 银杏（*Ginkgo biloba* L.）（二）

（1）基本信息。

调查序号	科	属	树龄（年）	栽植位置	保护等级
留2号	银杏科	银杏属	120	舒啸亭北侧	二级

（2）树体生长基本状况（见图4-25）。

从南侧看树冠状　　　　从南侧看树干中基部状　　　　从东侧看树根部环境状

图4-25　留2号古树树体生长基本状况

① 树冠生长状况：树冠茂密，枝叶分布均匀，叶色为绿色，生长正常。

② 树干生长状况：树干健壮、直立、挺拔。周径约210cm，直径约67cm。

③ 根际环境与根部生长状况：根际环境与根部位于舒啸亭所在假山西北端山坡处。从树冠的长势看，根系生长应属正常，根际土壤环境的营养应属基本平衡。

（3）保护技术措施建议。

① 按《苏州市古树名木保护管理条例》进行日常养护管理。

② 暂无须采用控制体量技术措施。

3. 银杏（*Ginkgo biloba* L.）（三）

（1）基本信息。

调查序号	科	属	树龄（年）	栽植位置	保护等级
留3号	银杏科	银杏属	210	可亭东侧	二级

（2）树体生长基本状况（见图4-26）。

| 从东侧树下仰视树干与部分树冠状 | 从东侧看根部状 | 从东侧看树干中基部状 |

图 4-26　留 3 号古树树体生长基本状况

① 树冠生长状况:树冠茂密,枝叶分布均匀,叶色为绿色,生长正常。

② 树干生长状况:树干健壮、直立、挺拔。周径约 266cm,直径约 88cm。

③ 根际环境与根部生长状况:根际环境与根部位于可亭所在假山东端。从树冠的长势看,根系生长应属正常,根际土壤环境的营养应属基本平衡。

（3）保护技术措施建议。

① 按《苏州市古树名木保护管理条例》进行日常养护管理。

② 暂无须采用控制体量技术措施。

4. 银杏(Ginkgo biloba L.)（四）

（1）基本信息。

调查序号	科	属	树龄(年)	栽植位置	保护等级
留 4 号	银杏科	银杏属	230	可亭西侧	二级

（2）树体生长基本状况（见图 4-27）。

| 从西侧树下仰视树干与部分树冠状 | 从西侧看根部状 |

图 4-27　留 4 号古树树体生长基本状况

① 树冠生长状况:树冠较开张、茂密,枝叶分布均匀,叶色为绿色,生长正常。

② 树干生长状况:树干健壮、直立、挺拔。周径约253.5cm,直径约81cm。

③ 根际环境与根部生长状况:根际环境与根部位于可亭西北侧山顶栽植穴。从树冠的长势看,根系生长应属正常,根际土壤环境的营养应属基本平衡。

(3) 保护技术措施建议。

① 按《苏州市古树名木保护管理条例》进行日常养护管理。

② 按《苏州古典园林古树名木保护技术措施规程》中的"树干防腐技术常用试剂或材料"中的第(4)项和"不同类型树干洞穴防腐技术"中的第(1)项处理。

③ 暂无须采用控制体量技术措施。

5. 银杏(*Ginkgo biloba* L.)(五)

(1) 基本信息。

调查序号	科	属	树龄(年)	栽植位置	保护等级
留5号	银杏科	银杏属	330	小蓬莱水池西岸边	一级

(2) 树体生长基本状况(见图4-28)。

从北侧树下仰视树干与部分树冠状

从北侧看根部状

从南侧树下看树干与树冠状

图4-28 留5号古树树体生长基本状况

① 树冠生长状况:树冠开张,枝叶生长茂密,叶色为绿色,生长正常。

② 树干生长状况:树干直立、挺拔,微向东倾斜约10°。周径约333cm,直径约106cm。

③ 根际环境与根部生长状况:根际环境与根部位于小蓬莱水池西岸边。从树冠的长势看,根系生长应属正常,根际土壤环境的营养应属基本平衡。

(3) 保护技术措施建议。

① 按《苏州市古树名木保护管理条例》进行日常养护管理。

② 暂无须采用控制体量技术措施。

6. 黑松(*Pinus thunbergii* parl.)(一)

(1) 基本信息。

调查序号	科	属	树龄(年)	栽植位置	保护等级
留6号	松科	松属	100	伫云庵南庭院	二级

(2) 树体生长基本状况(见图4-29)。

从北侧看树干中上部状　　　从北侧看树干中下部状　　　从北侧树下仰视树干与部分树冠状

图4-29　留6号古树树体生长基本状况

① 树冠生长状况:树冠枝叶茂密苍翠,枝叶分布较均匀,生长正常。

② 树干生长状况:树干健壮,微向西倾斜约10°。周径约123.5cm,直径约39cm。

③ 根际环境与根部生长状况:根际环境与根部位于伫云庵南庭院路边,根部有窄叶麦冬植被。从树冠的长势看,根系生长应属正常,根际土壤环境的营养应属基本平衡。

(3) 保护技术措施建议。

① 按《苏州市古树名木保护管理条例》进行日常养护管理。

② 按《苏州古典园林古树名木保护技术措施规程》中的"树干防腐技术常用试剂"中的第(4)项和"不同类型树干洞穴防腐技术"中的第(1)项处理。

③ 暂无须采用控制体量技术措施。

7. 黑松(*Pinus thunbergii* parl.)(二)

(1) 基本信息。

调查序号	科	属	树龄(年)	栽植位置	保护等级
留7号	松科	松属	100	五峰仙馆南庭院山顶	二级

(2) 树体生长基本状况(见图4-30)。

① 树冠生长状况:树冠茂密,枝叶苍翠,枝叶分布较均匀,生长正常。

② 树干生长状况:树干健壮。树干向西倾斜约45°。树干中部已有湖石和圆木支撑。周径约105cm,直径约33cm。

③ 根际环境与根部生长状况:根际环境与根部位于五峰仙馆南庭院假山顶部(洞穴顶

部）。从树冠的长势看,根系生长应属正常,根际土壤环境的营养应属基本平衡。

图 4-30　留 7 号古树树体生长基本状况

（3）保护技术措施建议。

① 树体生长良好,但树干中部的背上有小浅凹穴,应采用防渗漏材料填实,防止主干腐蚀。

② 按《苏州市古树名木保护管理条例》进行日常养护管理。

③ 按《苏州古典园林古树名木保护技术措施规程》中的"树干防腐技术常用试剂"中的第(4)项和"不同类型树干洞穴防腐技术"中的第(1)项处理。

④ 须采用控制体量技术措施,防止树体晃动而影响假山山顶结构和安全。

8. 白皮松(*Pinus bungeana* Zucc.)

(1) 基本信息。

调查序号	科	属	树龄(年)	栽植位置	保护等级
留9号	松科	松属	100	五峰仙馆北庭院	二级

(2) 树体生长基本状况(见图4-31)。

从北侧看树根部状　　　从南侧看树冠状　　　从北侧树下仰视树干与部分树冠状

图4-31　留9号古树树体生长基本状况

① 树冠生长状况:树冠由多枝次主枝及其侧枝形成,长势中等,针叶较弱小,但生长应属正常。

② 树干生长状况:树干向西南倾斜,1m高主干部分向西南倾斜约45°,但次主枝基本呈直立状生长。周径约107cm,直径约34cm。

③ 根际环境与根部生长状况:根际环境与根部位于五峰仙馆北庭院假山栽植穴。从树冠的长势看,根系生长应属正常,根际土壤环境的营养应属基本平衡。

(3) 保护技术措施建议。

① 按《苏州市古树名木保护管理条例》进行日常养护管理。

② 无须采用控制体量技术措施。

9. 柏木(*Cupressus funebris* Endl.)

(1) 基本信息。

调查序号	科	属	树龄(年)	栽植位置	保护等级
留10号	柏科	柏木属	150	至乐亭西北侧	二级

（2）树体生长基本状况（见图4-32）。

从西侧树下仰视树干与部分树冠状

从南侧看树干中下部状

图4-32　留10号古树树体生长基本状况

① 树冠生长状况：树冠青翠，枝叶分布较均匀，生长正常。
② 树干生长状况：树干直立、挺拔。周径约88cm，直径约28cm。
③ 根际环境与根部生长状况：根际环境与根部位于至乐亭所在假山西北侧山腰处。从树冠的长势看，根系生长应属正常，根际土壤环境的营养应属基本平衡。

（3）保护技术措施建议。
① 按《苏州市古树名木保护管理条例》进行日常养护管理。
② 暂无须采用控制体量技术措施。

10. 榔榆（*Ulmus pumila* L.）

（1）基本信息。

调查序号	科	属	树龄(年)	栽植位置	保护等级
留12号	榆科	榆属	100	闻木犀香轩北侧	二级

（2）树体生长基本状况（见图4-33）。
① 树冠生长状况：树冠较稀疏，枝叶分布均匀，叶色为墨绿色，生长正常。
② 树干生长状况：树干健壮。树干向西南倾斜约30°，西南侧已有木撑支撑。周径约140cm，直径约46cm。
③ 根际环境与根部生长状况：根部位于临水叠岸石壁旁。从树冠的长势看，根系生长应属正常，根际土壤环境的营养应属基本平衡。

（3）保护技术措施建议。
① 按《苏州市古树名木保护管理条例》进行日常养护管理。
② 暂无须采用控制体量技术措施。

| 从北侧看树体状 | 从西侧看根部状 | 从北侧树下仰视树干与部分树冠状 |

图 4-33　留 12 号古树树体生长基本状况

11. 朴树（*Celis tetrandra* ssp. *sinensis* Y. C. Tang）

（1）基本信息。

调查序号	科	属	树龄(年)	栽植位置	保护等级
留 13 号	榆科	朴属	100	还我读书处东庭院	二级

（2）树体生长基本状况（见图 4-34）。

| 从北侧树下仰视树干与部分树冠状 | 从南侧树下仰视树干与部分树冠状 | 从南侧看根部状 |

图 4-34　留 13 号古树树体生长基本状况

① 树冠生长状况：树冠开张，枝叶生长茂密，分布均匀，叶色绿色，生长正常。

② 树干生长状况：树干健壮，直立，生长正常。周径约 215cm，直径约 68cm。

③ 根际环境与根部生长状况：根部西侧生长于庭院中的湖石花台上，东侧生长于碎石铺地庭院地面下层土壤。从树冠的长势看，根系生长应属正常，根际土壤环境的营养应属基本平衡。

（3）保护技术措施建议。

① 按《苏州市古树名木保护管理条例》进行日常养护管理。

② 暂无须采用控制体量技术措施。

12. 广玉兰(*Magnolia grandiflora* L.)

（1）基本信息。

调查序号	科	属	树龄（年）	栽植位置	保护等级
留14号	木兰科	木兰属	120	冠云峰南侧	二级

（2）树体生长基本状况（见图4-35）。

从东北侧看部分树冠状

从东北侧树干下仰视
树干与部分树冠状

根部状

图4-35　留14号古树树体生长基本状况

① 树冠生长状况：树冠开张、茂密，枝叶分布较均匀，叶色为墨绿色，生长正常。
② 树干生长状况：树干健壮。周径约274cm，直径约87cm。
③ 根际环境与根部生长状况：根际周围直径约2m范围内为狗牙根草植被。从树冠的长势看，根系生长应属正常，根际土壤环境的营养应属基本平衡。

（3）保护技术措施建议。
① 按《苏州市古树名木保护管理条例》进行日常养护管理。
② 暂无须采用控制体量技术措施。

13. 柿树(*Diospyros kaki* Thunb.)

（1）基本信息。

调查序号	科	属	树龄（年）	栽植位置	保护等级
留15号	柿科	柿属	120	活泼泼地西	二级

（2）树体生长基本状况（见图4-36）。

| 从南侧看树冠状 | 从西侧树下仰视树干与部分树冠状 | 从南侧看根部状 |

图 4-36　留 15 号古树树体生长基本状况

① 树冠生长状况：树冠茂密，枝叶分布均匀，叶色为深绿色，生长正常。

② 树干生长状况：树干健壮、挺拔，生长正常。周径约 109cm，直径约 35cm。

③ 根际环境与根部生长状况：根际环境与根部位于活泼泼地西侧假山西山脚路边栽植穴。从树冠的长势看，根系生长应属正常，根际土壤环境的营养应属基本平衡。

（3）保护技术措施建议。

① 按《苏州市古树名木保护管理条例》进行日常养护管理。

② 无须采用控制体量技术措施。

14. 黄杨 [*Buxus sinica* (Rehd. et Wils.) Cheng]

（1）基本信息。

调查序号	科	属	树龄（年）	栽植位置	保护等级
留 16 号	黄杨科	黄杨属	120	还我读书处东庭院湖石花台上	二级

（2）树体生长基本状况（见图 4-37）。

① 树冠生长状况：树冠较稀疏，生长势相对较弱，主要是由东北侧朴树树冠遮阴所致，但生长基本正常。

② 树干生长状况：树干挺直，微向南倾斜 5°～10°。周径约 60cm，直径约 19cm。

③ 根际环境与根部生长状况：根际环境与根部位于庭院湖石花台上。从树冠的长势看，根系生长应属正常，根际土壤环境的营养应属基本平衡。

（3）保护技术措施建议。

① 对树干基部洞穴，应采用防渗漏材料填实，防止主干腐蚀。

② 按《苏州市古树名木保护管理条例》进行日常养护管理。

③ 暂无须采用控制体量技术措施。

从东侧树下仰视树干与部分树冠状　　　树干东侧洞穴状　　　树干东侧洞穴内部状

树干西侧洞穴整体状　　　树干西侧基部洞穴状　　　树干西侧洞穴内部状

图 4-37　留 16 号古树树体生长基本状况

15. 香椿 [*Toona sinensis* (A. juss.) Roem]

（1）基本信息。

调查序号	科	属	树龄（年）	栽植位置	保护等级
留 17 号	楝科	香椿属	114	还我读书处南天井	二级

（2）树体生长基本状况（见图 4-38）。

① 树冠生长状况：树冠高耸于天井屋面上层，枝叶茂密，分布均匀，叶色为绿色，生长正常。

② 树干生长状况：树干健壮、直立。周径约 152cm，直径约 48cm。

③ 根际环境与根部生长状况：根际环境与根部位于天井庭院的土壤中。从树冠的长势看，根系生长应属正常，根际土壤环境的营养应属基本平衡。

从北侧树下仰视树干与部分树冠状　　　　　从东侧看根部状

图 4-38　留 17 号古树树体生长基本状况

（3）保护技术措施建议。

① 按《苏州市古树名木保护管理条例》进行日常养护管理。

② 暂无须采用控制体量技术措施。

16. 南紫薇（*Lagerstroemia subcostata* Koehne.）

（1）基本信息。

调查序号	科	属	树龄（年）	栽植位置	保护等级
留 18 号	千屈菜科	紫薇属	330	可亭假山西北端	二级

（2）树体生长基本状况（见图 4-39）。

从西侧看树体状　　　从西侧树下仰视树干与部分树冠状　　　从西侧看树干基部状

图 4-39　留 18 号古树树体生长基本状况

① 树冠生长状况：树冠枝叶分布均匀，下层有少量黄叶，生长基本正常。

② 树干生长状况：树干微向西北侧倾斜约 30°，生长正常。周径约 153cm，直径约 49cm。

③ 根际环境与根部生长状况：根际环境与根部位于可亭所在假山西北端。从树冠的长势看，根系生长应属正常，根际土壤环境的营养应属基本平衡。

（3）保护技术措施建议。

① 按《苏州市古树名木保护管理条例》进行日常养护管理。

② 暂无须采用控制体量技术措施。

（二）Ⅲ级（橙色）监测预警树种

罗汉松［*Podocarpus macrophllus*（Thunb.）D. Don］

（1）基本信息。

调查序号	科	属	树龄（年）	栽植位置	保护等级
留 8 号	罗汉松科	罗汉松属	100	揖峰轩南庭院	二级

（2）树体生长基本状况（见图 4-40）。

从北侧树下仰视树干与树冠状

从北侧看树干状

从东侧看树体状

根基萌蘖苗及生长状

从东侧看树干状

从东侧看树干基部状

图 4-40　留 8 号古树树体生长基本状况

① 树冠生长状况:树冠紧凑,叶色为暗绿色,生长正常。

② 树干生长状况:树干仅北侧有树皮。树皮宽约10.5cm,厚约3.3cm。原木质部分已腐烂消失,部分腐烂木质部已用水泥塑仿木质辅助树皮支撑树体,效果良好。

③ 根际环境与根部生长状况:根际环境与根部位于揖峰轩南庭院西南角。从树冠的长势看,根系生长应属正常,根际土壤环境的营养应属基本平衡。

(3) 保护技术措施建议。

① 从根部萌蘖苗和已有树冠生长情况看,根系及根际生长环境应处于适合状态,因此,建议维持现有根际环境。

② 按《苏州市古树名木保护管理条例》进行日常养护管理。

③ 参考《苏州古典园林古树名木保护技术措施规程》中的"不同类型树干洞穴防腐技术"中的第(2)项中的第②小项,继续加强对树干的保护。

④ 无须采用控制体量技术措施。

(三) Ⅳ级(红色)监测预警树种

圆柏[*Sabina chinensis*(L.)Ant.]

(1) 基本信息。

调查序号	科	属	树龄(年)	栽植位置	保护等级
留11号	柏科	圆柏属	130	小蓬莱水池西岸临水边	二级

(2) 树体生长基本状况(见图4-41)。

① 树冠生长状况:树冠枝叶的大部分已枯死,仅有少量枝叶仍存活,树冠严重生长不良。

② 树干生长状况:树干中下部向南横卧后,上部树干向上直立,树干大部分木质部已腐蚀枯死,仅树干南侧有条带状活树皮连通树体。

③ 根际环境与根部生长状况:根际环境与根部位于临水叠岸旁的栽植穴中,可能仅南侧有部分活根系生长。从树冠的长势看,根系生长应属不良,根际土壤环境的理化结构及营养应不适应根系生长的要求。

(3) 保护技术措施建议。

① 由于树势衰弱严重,应采取复壮技术。建议对树冠的枯死枝进行修剪,对根系部分更换营养土,促使根系恢复,使树体尽可能复壮。

② 按《苏州古典园林古树名木保护技术措施规程》中的"古树名木的复壮管理技术措施"中的第3条和第5条及"古树名木树冠管理技术措施"中的第1条处理。

③ 暂无须采用控制体量技术措施。

从南侧看树体状

树冠中存活枝叶状

根部环境状

树干中基部腐蚀状

树干南侧存活树皮状

图 4-41　留 11 号古树树体生长基本状况

三、狮子林古树名木各树种基本状况及保护技术措施

（一）Ⅰ级（绿色）监测预警树种

1. 银杏（*Ginkgo biloba* L.）（一）

（1）基本信息。

调查序号	科	属	树龄（年）	栽植位置	保护等级
狮 1 号	银杏科	银杏属	160	祠堂南庭院东侧	二级

（2）树体生长基本状况（见图 4-42）。

① 树冠生长状况：树冠枝叶茂密，分布均匀，叶色为绿色，生长正常。

② 树干生长状况：主干挺直、健壮。周径约 131cm，直径约 42cm。

从北侧看树体状　　　从南侧树干基部仰视　　　根部状
　　　　　　　　　　树干与部分树冠状

图 4-42　狮 1 号古树树体生长基本状况

③ 根际环境与根部生长状况:根部砌有六边形花台,植有阔叶麦冬。从树冠的长势看,根系生长应属正常,根际土壤环境的营养应属基本平衡。

（3）保护技术措施建议。

① 按《苏州市古树名木保护管理条例》进行日常养护管理。

② 无须采用控制体量技术措施。

2. 银杏（*Ginkgo biloba* L.）（二）

（1）基本信息。

调查序号	科	属	树龄(年)	栽植位置	保护等级
狮 2 号	银杏科	银杏属	160	祠堂南庭院西侧	二级

（2）树体生长基本状况（见图 4-43）。

树体状　　　从北侧树干基部仰视树干　　　根部状
　　　　　　　与部分树冠状

图 4-43　狮 2 号古树树体生长基本状况

① 树冠生长状况:树冠枝叶茂密,分布均匀,叶色为绿色,生长正常。
② 树干生长状况:主干挺直、健壮。周径约128cm,直径约41cm。
③ 根际环境与根部生长状况:根部砌有六边形花台,植有阔叶麦冬。从树冠的长势看,根系生长应属正常,根际土壤环境的营养应属基本平衡。

(3)保护技术措施建议。
① 按《苏州市古树名木保护管理条例》进行日常养护管理。
② 无须采用控制体量技术措施。

3. 白皮松(*Pinus bungeana* Zucc.)(一)

(1)基本信息。

调查序号	科	属	树龄(年)	栽植位置	保护等级
狮4号	松科	松属	130	紫藤架北侧假山上	二级

(2)树体生长基本状况(见图4-44)。

从南侧树干基部仰视
树干与部分树冠状

从南侧看树干状

树干基部状

图4-44 狮4号古树树体生长基本状况

① 树冠生长状况:树冠高耸,叶色为暗绿色,枝叶生长正常。
② 树干生长状况:树干挺拔,生长正常。周径约145cm,直径约46cm。
③ 根际环境与根部生长状况:根际环境与根部位于假山中部栽植穴中,树根对假山暂无明显影响。从树冠的长势看,根系生长应属正常,根际土壤环境的营养应属基本平衡。

(3)保护技术措施建议。
① 如遇大风,侧枝有可能影响假山,建议对主干基部侧枝进行适度短截处理。
② 按《苏州市古树名木保护管理条例》进行日常养护管理。
③ 暂不需要采用控制体量技术措施。

4. 木瓜[*Chaenomeles sinensis*(Thouin)Koehne](一)

(1) 基本信息。

调查序号	科	属	树龄(年)	栽植位置	保护等级
狮8号	蔷薇科	木瓜属	120	问梅阁南侧	二级

(2) 树体生长基本状况(见图4-45)。

① 树冠生长状况:树冠枝叶生长正常。

② 树干生长状况:主干生长正常。

③ 根际环境与根部生长状况:根际环境与根部位于问梅阁前假山北侧。从树冠的长势看,根系生长应属正常,根际土壤环境的营养应属基本平衡。

(3) 保护技术措施建议。

① 按《苏州市古树名木保护管理条例》进行日常养护管理。

② 不需要采用控制体量技术措施。

树体状

图4-45 狮8号古树树体生长基本状况

树体状

图4-46 狮9号古树树体生长基本状况

5. 木瓜[*Chaenomeles sinensis*(Thouin)Koehne](二)

(1) 基本信息。

调查序号	科	属	树龄(年)	栽植位置	保护等级
狮9号	蔷薇科	木瓜属	130	问梅阁东侧	二级

(2) 树体生长基本状况(见图4-46)。

① 树冠生长状况:树冠由两枝次主枝及其侧枝形成,枝叶生长正常。

② 树干生长状况:主干离地70cm处分为两枝次主枝,树干生长正常。周径约88cm,直

径约 28cm。

③ 根际环境与根部生长状况:根际环境与根部位于问梅阁东侧山顶土壤中。从树冠的长势看,根系生长应属正常,根际土壤环境的营养应属基本平衡。

（3）保护技术措施建议。

① 按《苏州市古树名木保护管理条例》进行日常养护管理。

② 不需要采用控制体量技术措施。

6. 桂花[*Osmanthus fragrans*(thunb.) Lour.]

（1）基本信息。

调查序号	科	属	树龄(年)	栽植位置	保护等级
狮12号	木犀科	木犀属	120	指柏轩南庭院	二级

（2）树体生长基本状况(见图4-47)。

从北侧看树体状　　从树干基部仰视树干与部分树冠状　　根际与根部环境状

图 4-47　狮12号古树树体生长基本状况

① 树冠生长状况:树冠开张,枝叶分布均匀,叶色为绿色,生长正常。

② 树干生长状况:树干单干直立,生长正常。树干高5~6m。周径约77cm,直径约25cm。

③ 根际环境与根部生长状况:根际环境与根部位于碎石海棠席纹地面,根部砌有六边形花台。从树冠的长势看,根系生长应属正常,根际土壤环境的营养应属基本平衡。

（3）保护技术措施建议。

① 按《苏州市古树名木保护管理条例》进行日常养护管理。

② 不需要采用控制体量技术措施。

7. 女贞(*Ligustrum lucidum* Ait.)

（1）基本信息。

调查序号	科	属	树龄(年)	栽植位置	保护等级
狮13号	木犀科	女贞属	120	问梅阁西北侧假山上	二级

（2）树体生长基本状况（见图4-48）。

中上部树干状　　　　　　　部分树冠状　　　　　　　根部环境状

图4-48　狮13号古树树体生长基本状况

① 树冠生长状况：树冠枝叶稠密，生长旺盛，叶色为深绿色。有几处四级分枝基部被截，未做截面防腐处理。

② 树干生长状况：树干基部主干分二次主干再分四次主干，生长正常。

③ 根际环境与根部生长状况：根际环境与根部位于问梅阁前假山中下层的偏西北栽植穴中。从树冠的长势看，根系生长应属正常，根际土壤环境的营养应属基本平衡。

（3）保护技术措施建议。

① 建议对树冠西北侧第四级侧枝进行适度短截，防止刮大风时树体摇晃影响假山安全。

② 按《苏州市古树名木保护管理条例》进行日常养护管理。

③ 古树体量须进行适度控制，维持现有体量。建议采用生长延缓剂综合技术控制体量。

8. 白皮松（*Pinus bungeana* Zucc.）（二）

（1）基本信息。

调查序号	科	属	树龄（年）	栽植位置	保护等级
狮14号	松科	松属	130	紫藤架西侧假山上	二级

（2）树体生长基本状况（见图4-49）。

① 树冠生长状况：树冠枝叶较稀疏，叶色为暗绿色，生长正常。

② 树干生长状况：树干健壮，微向东南向倾斜。周径约97cm，直径约31cm。

③ 根际环境与根部生长状况：根际环境与根部位于紫藤架西侧假山顶栽植穴中。从树冠的长势看，根系生长应属正常，根际土壤环境的营养应属基本平衡。

从西北侧树下仰视树干与树冠状　　　　根际与根部环境状

图 4-49　狮 14 号古树树体生长基本状况

(3) 保护技术措施建议。

① 按《苏州市古树名木保护管理条例》进行日常养护管理。

② 古树体量须进行适度控制,维持现有体量。建议采用生长延缓剂综合技术控制体量。

9. 白皮松(*Pinus bungeana* Zucc.)(三)

(1) 基本信息。

调查序号	科	属	树龄(年)	栽植位置	保护等级
狮 15 号	松科	松属	130	紫藤架西侧假山上	二级

(2) 树体生长基本状况(见图 4-50)。

树冠状　　　　根际与树根栽植穴积水状

图 4-50　狮 15 号古树树体生长基本状况

① 树冠生长状况:树冠枝叶较稀疏,叶色为暗绿色,生长正常。

② 树干生长状况:树干健壮,微向东南向倾斜。周径约121cm,直径约39cm。

③ 根际环境与根部生长状况:根际环境与根部位于紫藤架西侧假山上栽植穴,栽植穴雨后易积水。从树冠的长势看,根系生长应属正常,根际土壤环境的营养应属基本平衡。

(3) 保护技术措施建议。

① 根部土壤可能过于板结,雨后栽植穴易积水,影响根系正常生长。建议对根部土壤进行局部疏松,使雨水能及时渗出。

② 按《苏州市古树名木保护管理条例》进行日常养护管理。

③ 按《苏州古典园林古树名木保护技术措施规程》中的"古树名木的复壮管理技术措施"中的第1条处理。

④ 古树体量须进行适度控制,维持现有体量。建议采用生长延缓剂综合技术控制体量。

(二) Ⅱ级(黄色)监测预警树种

圆柏[*Sabina chinensis*(L.)Ant.]

(1) 基本信息。

调查序号	科	属	树龄(年)	栽植位置	保护等级
狮6号	柏科	圆柏属	130	卧云室东北侧	二级

(2) 树体生长基本状况(见图4-51)。

从北侧看树体状

树干中下部已腐烂木质状

图4-51 狮6号古树树体生长基本状况

① 树冠生长状况：树干顶部已截断，现存树冠为中部树干侧枝形成，叶色为翠绿色，生长正常。

② 树干生长状况：树干木质已部分腐烂，树干上有条带状活树皮连通树体。

③ 根际环境与根部生长状况：根际环境与根部位于卧云室东北侧的中层假山的栽植穴中，根部已用竹篱围合保护。从树冠的长势看，根系生长应属正常，根际土壤环境的营养应属基本平衡。

（3）保护技术措施建议。

① 清除主干已腐烂木质，消毒，涂抹防腐保护剂。

② 按《苏州市古树名木保护管理条例》进行日常养护管理。

③ 按《苏州古典园林古树名木保护技术措施规程》中的"不同类型树干洞穴防腐技术"第（2）项中的第③小项处理。

④ 不需要采用控制体量技术措施。

（三）Ⅲ级（橙色）监测预警树种

1. 银杏（*Ginkgo biloba* L.）

（1）基本信息。

调查序号	科	属	树龄（年）	栽植位置	保护等级
狮3号	银杏科	银杏属	600	问梅阁东北侧假山上	一级

（2）树体生长基本状况（见图4-52）。

① 树冠生长状况：树冠开张，三主枝已截顶。树冠枝叶茂密，叶色为绿色，生长正常。

② 树干生长状况：主干粗壮，主干上三主枝被截顶，截顶处显木质腐蚀状。周径约375cm，直径约119cm。

③ 根际环境与根部生长状况：根际环境与根部位于问梅阁东北侧假山的土层中。从树冠的长势看，根系生长应属正常，根际土壤环境的营养应属基本平衡。

（3）保护技术措施建议。

① 建议对三主枝截干伤口的木质部进行涂抹防腐蚀保护剂处理。

② 主干上的洞穴口应进行封实，防止引起主干的进一步腐蚀。

③ 按《苏州古典园林古树名木保护技术措施规程》中的"不同类型树干洞穴防腐技术"第（2）项中的第①和第②小项处理。

④ 暂不需要采用控制体量技术措施。

| 树冠西侧侧枝状 | | 树干上部三次主干状 |

主干状　　　三次主干中北侧主干截面伤口状　　主干中上部东侧腐蚀与洞穴状

图 4-52　狮 3 号古树树体生长基本状况

2. 紫藤（*Wistaria sinensis* Sweet）（一）

（1）基本信息。

调查序号	科	属	树龄（年）	栽植位置	保护等级
狮 10 号	豆科	紫藤属	120	紫藤架东北侧	二级

（2）树体生长基本状况（见图 4-53）。

① 树冠生长状况：藤蔓均匀分布于藤架上，蔓叶茂密，生长正常。

② 树干生长状况：主蔓木质已腐烂，部分木质仍在继续腐蚀，生有真菌。

③ 根际环境与根部生长状况：根际环境与根部位于假山脚旁栽植穴。从树冠的长势看，根系生长应属正常，根际土壤环境的营养应属基本平衡。

（3）保护技术措施建议。

① 清除主蔓已腐烂木质，消毒，涂抹防腐保护剂。

② 按《苏州古典园林古树名木保护技术措施规程》中的"不同类型树干洞穴防腐技术"第（2）项中的第②小项处理。

③ 不需要采用控制体量技术措施。

主蔓状　　　　　　　　　　藤蔓冠状

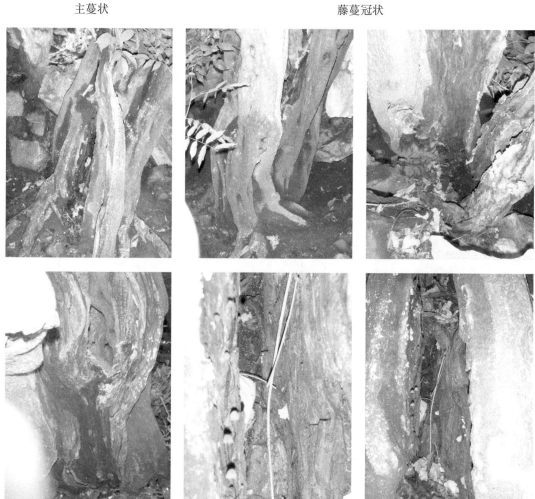

主蔓木质腐蚀、腐烂状

图 4-53　狮 10 号古树树体生长基本状况

3. 紫藤(*Wistaria sinensis* Sweet)(二)

(1) 基本信息。

调查序号	科	属	树龄(年)	栽植位置	保护等级
狮11号	豆科	紫藤属	120	紫藤架西南角	二级

(2) 树体生长基本状况(见图4-54)。

藤蔓冠状　　　　　　　　　主蔓上端东部木质腐烂、腐蚀状

主蔓上端西部木质腐烂、腐蚀状　　　　主蔓靠根部木质腐烂、腐蚀状

图4-54　狮11号古树树体生长基本状况

① 树冠生长状况:藤蔓均匀分布于藤架上,蔓叶茂密,生长正常。

② 树干生长状况:主蔓木质已腐烂,部分木质仍在继续腐蚀。

③ 根际环境与根部生长状况:根际环境与根部位于紫藤架西南角栽植穴。从树冠的长势看,根系生长应属正常,根际土壤环境的营养应属基本平衡。

(3) 保护技术措施建议。

① 清除主蔓已腐烂木质,消毒,涂抹防腐保护剂。

② 按《苏州古典园林古树名木保护技术措施规程》中的"不同类型树干洞穴防腐技术"第(2)项中的第②小项处理。

③ 不需要采用控制体量技术措施。

(四) Ⅳ级(红色)监测预警树种

1. 柏木(*Cupressus funebris* Endl.)

(1) 基本信息。

调查序号	科	属	树龄(年)	栽植位置	保护等级
狮 5 号	柏科	柏木属	390	古五松园西庭院	一级

(2) 树体生长基本状况(见图 4-55)。

三主干枝状

东侧主干上活树冠的枝叶状

东侧主干枝东侧活树皮状

树干基部腐烂洞穴状

图 4-55　狮 5 号古树树体生长基本状况

① 树冠生长状况：树冠由三枝次主干枝形成，但仅东侧一次主干的东北侧有部分活树皮，连通的枝上有部分枝叶形成树冠，这部分树冠叶色为绿色，生长正常。

② 树干生长状况：西侧和北侧两枝次主干已枯死，基部主干木质已腐烂形成洞穴。东侧次主干仅东北侧有活树皮。树皮宽约 39.5cm，厚约 2cm。树体向东南向倾斜约 10°。

③ 根际环境与根部生长状况：根际环境与根部位于碎石花纹地面，根系生长于山石花台中。从树冠的长势看，根系生长不良。

（3）保护技术措施建议。

① 对根系周围更换部分营养土，促使成活树体部分进一步复壮。

② 对已枯死的两主干木质部进行消毒、涂抹防腐保护剂处理，以维持树体总体基本平衡，防止树体向东南倾倒。

③ 按《苏州古典园林古树名木保护技术措施规程》中的"古树名木的复壮管理技术措施"的第 3 条和第 5 条以及"不同类型树干洞穴防腐技术"第（2）项中的第③小项处理。

④ 不需要采用控制体量技术措施。

2. 圆柏 [*Sabina chinensis* (L.) Ant.]

（1）基本信息。

调查序号	科	属	树龄（年）	栽植位置	保护等级
狮 7 号	柏科	圆柏属	130	紫藤架西侧假山上	二级

（2）树体生长基本状况（见图 4-56）。

① 树冠生长状况：树冠已基本枯死，仅南侧一主枝上有一小枝仍生长有活枝叶。

② 树干生长状况：树干仅西北侧有条带状活树皮，但这部分树皮也有失去活力的趋势。周径约 90cm，直径约 29cm。

③ 根际环境与根部生长状况：根际环境与根部位于假山顶栽植穴，大部分根部已枯死，失去活树皮。从树冠的长势看，根系生长非常弱。

（3）保护技术措施建议。

① 建议对根际环境进行更换土壤，改善根际环境，促使古树尽可能复壮。但该古树复壮难度很大。

② 修剪树冠枯死枝。

③ 按《苏州古典园林古树名木保护技术措施规程》中的"古树名木的复壮管理技术措施"的第 3 条以及"古树名木树冠管理技术措施"的第 1 条和第 4 条处理。

④ 不需要采用控制体量技术措施。

树体干枝枯死状

仅存于南侧树冠枝上的活枝叶状　　碎石席纹山顶平台根际环境状

图 4-56　狮 7 号古树树体生长基本状况

四、沧浪亭古树名木各树种基本状况及保护技术措施

（一）Ⅰ级（绿色）监测预警树种

1. 银杏（*Ginkgo biloba* L.）

（1）基本信息。

调查序号	科	属	树龄（年）	栽植位置	保护等级
沧 1 号	银杏科	银杏属	120	沧浪亭东南角	二级

（2）树体生长基本状况（见图 4-57）。

① 树冠生长状况：树冠紧凑，叶色为绿色，枝叶生长正常。

② 树干生长状况：树干于约 10m 高处截顶并偏东南向生次生主干。周径约 155cm，直径约 49cm。

③ 根际环境与根部生长状况：根际环境与根部位于沧浪亭假山东南角近山脚处栽植穴。从树冠的长势看，根系生长应属正常，根际土壤环境的营养应属基本平衡。

（3）保护技术措施建议。

① 按《苏州市古树名木保护管理条例》进行日常养护管理。

② 不需要采用控制体量技术措施。

| 从北侧树干基部仰视树干与树冠状 | 从北侧看树体状 | 树干基部南侧根际环境状 |

图 4-57　沧 1 号古树树体生长基本状况

2. 柏木（*Cupressus funebris* Endl.）

（1）基本信息。

调查序号	科	属	树龄(年)	栽植位置	保护等级
沧 2 号	柏科	柏木属	130	藕花水榭西庭院西侧	二级

（2）树体生长基本状况（见图 4-58）。

| 从南侧看树体状 | 从南侧看树冠状 |

图 4-58　沧 2 号古树树体生长基本状况

① 树冠生长状况：树冠枝叶生长正常，枝分布较稀疏，叶色为暗绿色。

② 树干生长状况：主干微向北倾斜约 10°。周径约 87cm，直径约 28cm。

③ 根际环境与根部生长状况：根际环境与根部位于碎石海棠纹地面。从树冠的长势看，根系生长应属正常，根际土壤环境的营养应属基本平衡。

（3）保护技术措施建议。

① 按《苏州市古树名木保护管理条例》进行日常养护管理。

② 不需要采用控制体量技术措施。

3. 罗汉松 [*Podocarpus macrophllus* (Thunb.) D. Don]

（1）基本信息。

调查序号	科	属	树龄（年）	栽植位置	保护等级
沧3号	罗汉松科	罗汉松属	120	藕花水榭西庭院东侧	二级

（2）树体生长基本状况（见图4-59）。

① 树冠生长状况：树冠枝叶茂密，生长正常。

② 树干生长状况：树干生长正常。基部主干约50cm处再分两枝次主干形成树冠。

③ 根际环境与根部生长状况：根际环境与根部位于碎石海棠纹地面。从树冠的长势看，根系生长应属正常，根际土壤环境的营养应属基本平衡。

（3）保护技术措施建议。

① 按《苏州市古树名木保护管理条例》进行日常养护管理。

② 不需要采用控制体量技术措施。

4. 榉树（*Zelkova schneideriana* Hand.-Mazz.）

（1）基本信息。

调查序号	科	属	树龄（年）	栽植位置	保护等级
沧7号	榆科	榉属	130	沧浪亭西侧	二级

从西侧看树体状

图4-59 沧3号古树树体生长基本状况

（2）树体生长基本状况（见图4-60）。

从东南侧基部仰视
树干与部分树冠状

从东侧看树干和部分树冠状

北侧根际环境状

图4-60 沧7号古树树体生长基本状况

① 树冠生长状况：树冠较紧凑，枝叶茂密，叶色为绿色，生长正常。
② 树干生长状况：树干挺拔、健壮。周径约204cm，直径约65cm。
③ 根际环境与根部生长状况：根际环境与根部位于沧浪亭假山北侧中段腰部的土层。从树冠的长势看，根系生长应属正常，根际土壤环境的营养应属基本平衡。

（3）保护技术措施建议。
① 按《苏州市古树名木保护管理条例》进行日常养护管理。
② 不需要采用控制体量技术措施。

5. 香樟[*Cinnamomum camphora*(L.)Presl]（一）

（1）基本信息。

调查序号	科	属	树龄（年）	栽植位置	保护等级
沧8号	樟科	樟属	130	沧浪亭假山西端北侧	二级

（2）树体生长基本状况（见图4-61）。

从东南侧仰视主干　　　　　从东北侧看树干状　　　　　从西侧看树干基部状
与部分树冠状

图4-61　沧8号古树树体生长基本状况

① 树冠生长状况：树冠开张、茂密，枝叶分布均匀，叶色为绿色，生长正常。
② 树干生长状况：树干挺拔、健壮，微向东倾斜5°~10°。周径约250cm，直径约80cm。
③ 根际环境与根部生长状况：根际环境与根部位于沧浪亭假山西端东侧近山脚栽植穴中。从树冠的长势看，根系生长应属正常，根际土壤环境的营养应属基本平衡。

（3）保护技术措施建议。
① 按《苏州市古树名木保护管理条例》进行日常养护管理。
② 古树体量须进行适度控制。

6. 香樟[*Cinnamomum camphora*(L.)Presl]（二）

（1）基本信息。

调查序号	科	属	树龄（年）	栽植位置	保护等级
沧9号	樟科	樟属	120	沧浪亭东侧	二级

（2）树体生长基本状况（见图4-62）。

从西南侧看树体状　　　　从西南侧看树冠状　　　　从东南侧看树根际环境状

图4-62　沧9号古树树体生长基本状况

① 树冠生长状况：树冠开张，枝叶茂密，叶色为绿色，生长正常。
② 树干生长状况：树干健壮，微向北倾斜约10°。周径约240cm，直径约76cm。
③ 根际环境与根部生长状况：根际环境与根部位于沧浪亭假山东端土坡。从树冠的长势看，根系生长应属正常，根际土壤环境的营养应属基本平衡。

（3）保护技术措施建议。
① 按《苏州市古树名木保护管理条例》进行日常养护管理。
② 暂无须采用控制体量技术措施。

7．香樟[*Cinnamomum camphora*(L.)Presl]（三）
（1）基本信息。

调查序号	科	属	树龄（年）	栽植位置	保护等级
沧10号	樟科	樟属	120	沧浪亭西侧	二级

（2）树体生长基本状况（见图4-63）。
① 树冠生长状况：树冠开张，尤其是东西向开张幅度大。冠层分布均匀、茂密，叶色为绿色，生长正常。
② 树干生长状况：树干健壮，生长正常。树干向北倾斜约20°。周径约233cm，直径约74cm。
③ 根际环境与根部生长状况：根际环境与根部于沧浪亭假山北侧中段的近山脚处。从树冠的长势看，根系生长应属正常，根际土壤环境的营养应属基本平衡。

（3）保护技术措施建议。
① 按《苏州市古树名木保护管理条例》进行日常养护管理。
② 暂无须采用控制体量技术措施。

| 从北侧树下仰视树干与部分树冠状 | 北侧根部状 |

图 4-63　沧 10 号古树树体生长基本状况

8．紫藤（*Wistaria sinensis* Sweet）

（1）基本信息。

调查序号	科	属	树龄（年）	栽植位置	保护等级
沧 11 号	豆科	紫藤属	260	沧浪亭西北侧	二级

（2）树体生长基本状况（见图 4-64）。

| 主蔓中上部缠绕榉树状 | 根部主蔓状 |

图 4-64　沧 11 号古树树体生长基本状况

① 树冠生长状况：主蔓攀缘于西北侧一株榉树上，藤蔓枝缠绕榉树枝而展开。由于光照不足，树冠较弱小。

② 树干生长状况：主蔓从根基部向南呈拱形，再向北攀缘榉树，生长良好。

③ 根际环境与根部生长状况：根际环境与根部于沧浪亭旁山顶北侧土缓坡。从树冠的长势看，根系生长应属正常，根际土壤环境的营养应属基本平衡。

（3）保护技术措施建议。

① 建议适度稀疏榉树顶部枝叶，增加紫藤的光照。

② 按《苏州市古树名木保护管理条例》进行日常养护管理。

③ 暂无须采用控制体量技术措施。

9. 黄杨[*Buxus sinica*(Rehd. et Wils.)Cheng]

（1）基本信息。

调查序号	科	属	树龄(年)	栽植位置	保护等级
沧14号	黄杨科	黄杨属	130	面水轩南侧假山	二级

（2）树体生长基本状况（见图4-65）。

从东侧树下仰视树干与部分树冠状　　树干中部浅凹穴状　　根部状

图4-65　沧14号古树树体生长基本状况

① 树冠生长状况：树冠偏树干北侧，枝叶较稀疏，叶色为暗绿色，生长正常。

② 树干生长状况：树干向北倾斜约45°，2m高处有一处浅凹穴。周径约64cm，直径约20cm。

③ 根际环境与根部生长状况：根际环境与根部位于沧浪亭假山北侧中段近山脚处的栽植穴中。从树冠的长势看，根系生长应属正常，根际土壤环境的营养应属基本平衡。

（3）保护技术措施建议。

① 树干中部的浅凹穴应进行封实，防止雨水渗入而腐蚀树干。

② 按《苏州市古树名木保护管理条例》进行日常养护管理。

③ 按《苏州古典园林古树名木保护技术措施规程》中的"古树名木树干洞穴防腐技术措施"中的第（1）项处理。

④ 无须采用控制体量技术措施。

（二）Ⅱ级（黄色）监测预警树种

1. 桂花[*Osmanthus fragrans*(thunb.)Lour.]（一）

（1）基本信息。

调查序号	科	属	树龄(年)	栽植位置	保护等级
沧12号	木犀科	木犀属	170	清香馆北庭院东侧	二级

(2)树体生长基本状况(见图4-66)。

从北侧看树体状　　　　主干顶部洞穴状　　　　树干中上部腐烂状

树干基部洞穴状　　　　　　　　根部状

图4-66　沧12号古树树体现状与症状

① 树冠生长状况:树冠部分的主干已折断,树冠由其下层侧枝形成,叶色为绿色,枝叶生长良好。

② 树干生长状况:树干有多处腐烂洞穴口,树干木质已腐烂成洞穴。周径约74cm,直径约24cm。

③ 根际环境与根部生长状况:根际环境与根部位于碎石与砖铺席纹地面。从树冠的长势看,根系生长应属正常,根际土壤环境的营养应属基本平衡。

(3)保护技术措施建议。

① 建议对主干顶端洞穴口进行防腐、封实处理。

② 对树干中部和基部洞穴进行清理、封实处理。

③ 按《苏州古典园林古树名木保护技术措施规程》中的"古树名木树干洞穴防腐技术措施"中的第(1)项处理。

④ 无须采用控制体量技术措施。

2. 桂花[*Osmanthus fragrans*(thunb.)Lour.](二)

（1）基本信息。

调查序号	科	属	树龄（年）	栽植位置	保护等级
沧13号	木犀科	木犀属	170	清香馆北庭院西侧	二级

（2）树体生长基本状况（见图4-67）。

从北侧看树体状

从西南侧树下仰视树干与部分树冠状

根部状

树干中上部腐蚀状

偏西北侧主侧枝顶部腐烂洞穴口状

树干下部腐蚀状

图4-67 沧13号古树树体生长基本状况

① 树冠生长状况：树冠由三枝主侧枝形成，其中偏西北侧主侧枝于冠部折断且有腐烂洞穴口。树冠枝叶茂密，叶色为绿色，生长正常。

② 树干生长状况：主干上有多处腐烂洞穴伤口（已用水泥封堵），西北侧主侧枝折断且有腐烂洞穴口。周径约79cm，直径约25cm。

③ 根际环境与根部生长状况：根际环境与根部位于碎石与砖席纹地面。从树冠的长势看，根系生长应属正常，根际土壤环境的营养应属基本平衡。

(3)保护技术措施建议。

① 树冠西北侧主侧枝折断处腐烂洞穴应进行封实处理。

② 按《苏州古典园林古树名木保护技术措施规程》中的"古树名木树干洞穴防腐技术措施"中的第(1)项处理。

③ 无须采用控制体量技术措施。

(三) Ⅲ级(橙色)监测预警树种

1. 女贞(*Ligustrum lucidum* Ait.)

(1)基本信息。

调查序号	科	属	树龄(年)	栽植位置	保护等级
沧4号	木犀科	女贞属	120	藕花水榭西庭院东南侧	二级

(2)树体生长基本状况(见图4-68)。

从北侧看树干与树冠状

树干中上部腐烂状

树干中上部洞穴口

树干基部北侧木质部腐蚀状

树干中上部洞穴内侧腐烂状

树干中下部洞穴内侧腐烂状

图4-68 沧4号古树树体生长基本状况

① 树冠生长状况:树冠枝叶生长良好,叶色为绿色。

② 树干生长状况:主干木质部已腐烂而中空,树干形成从基部至顶部连通的洞穴。

③ 根际环境与根部生长状况:根际环境与根部位于碎石海棠纹地面。从树冠的长势看,根系生长应属正常,根际土壤环境的营养应属基本平衡。

（3）保护技术措施建议。

① 主干的木质部腐烂严重，建议清除主干已腐烂的木质，消毒，涂抹防腐蚀保护剂。

② 对主干顶洞穴口进行封实处理，防止雨水渗入而进一步腐蚀。

③ 按《苏州古典园林古树名木保护技术措施规程》中"不同类型树干洞穴防腐技术"中的第（1）项和第（2）项中的第②小项处理。

④ 无须采用控制体量技术措施。

2. 枫杨（*Pterocarya stenoptera* C. DC.）（一）

（1）基本信息。

调查序号	科	属	树龄（年）	栽植位置	保护等级
沧5号	胡桃科	枫杨属	180	清香馆西庭院南西侧	二级

（2）树体生长基本状况（见图4-69）。

从北侧看树体状

南侧干基腐蚀状

东南侧次主干腐蚀状

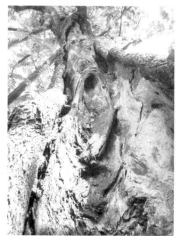
西北侧次主干腐蚀状

洞穴内侧木质腐蚀状

图4-69　沧5号古树树体生长基本状况

① 树冠生长状况:树冠由两枝次主干及其枝叶形成,树冠较茂密,叶色为绿色,生长良好。

② 树干生长状况:树干由基部主干及其上两枝次主干形成,树干中下部的木质部已消失,留有敞口向南、由树皮形成的树洞穴。两枝次主干的木质部已部分腐烂。周径约350cm,直径约111cm。

③ 根际环境与根部生长状况:根际环境与根部位于庭院东南侧。从树冠的长势看,根系生长应属正常,根际土壤环境的营养应属基本平衡。

(3) 保护技术措施建议。

① 建议清除主干中下部腐烂木质,经消毒、涂抹防腐剂处理后,用合适的修补、填充材料对中上部次主干腐烂木质部凹陷部位进行封堵处理,防止主干木质进一步腐蚀。

② 按《苏州古典园林古树名木保护技术措施规程》中"树干防腐技术常用试剂或材料"中的第(3)项和第(4)项及"不同类型树干洞穴防腐技术"中的第(2)项中的第②小项处理。

③ 暂无须采用控制体量技术措施。

3. 枫杨(*Pterocarya stenoptera* C. DC.)(二)

(1) 基本信息。

调查序号	科	属	树龄(年)	栽植位置	保护等级
沧6号	胡桃科	枫杨属	180	清香馆西庭院西北侧	二级

(2) 树体生长基本状况(见图4-70)。

① 树冠生长状况:树冠由东南向与西北向两枝次主枝形成,树冠较茂密、开张,叶色为绿色,生长正常。

② 树干生长状况:树干已形成向东北侧敞开口的大洞穴,洞穴从基部连通顶部。树干向南倾斜约40°。洞穴内侧有部分木质已腐蚀或腐烂。周径约429cm,直径约137 cm。洞穴直径约106cm。

③ 根际环境与根部生长状况:根际环境与根部位于庭院西北侧。从树冠的长势看,根系生长应属正常,根际土壤环境的营养应属基本平衡。

(3) 保护技术措施建议。

① 建议清除洞穴内侧已腐烂木质,消毒、涂抹防腐保护剂,防止主干木质进一步腐蚀。

② 按《苏州古典园林古树名木保护技术措施规程》中"不同类型树干洞穴防腐技术"中的第(2)项中的第②小项处理。

③ 暂无须采用控制体量技术措施。

从南侧看树体状

南侧次主枝顶洞穴口状

从北侧看树干状

从北侧看树干洞穴状

树干洞穴整体木质腐蚀状

树干洞穴及内部不同部位木质腐蚀状

图 4-70　沧 6 号古树树体生长基本状况

五、网师园古树名木各树种基本状况及保护技术措施

（一）Ⅰ级（绿色）监测预警树种

1. 白皮松（*Pinus bungeana* Zucc.）

（1）基本信息。

调查序号	科	属	树龄（年）	栽植位置	保护等级
网1号	松科	松属	120	风到月来亭北侧	二级

（2）树体生长基本状况（见图4-71）。

① 树冠生长状况：树冠枝叶较稀疏，枝叶分布均匀，叶色为暗绿色，生长正常。

② 树干生长状况：树干健壮，向南倾斜约45°，南侧有支撑。周径约118cm，直径约38cm。

③ 根际环境与根部生长状况：根际环境与根部位于看松读画轩南侧黄石花台上。从树冠的长势看，根系生长应属正常，根际土壤环境的营养应属基本平衡。

从东北侧看树体状

图4-71　网1号古树树体生长基本状况

（3）保护技术措施建议。

① 按《苏州市古树名木保护管理条例》进行日常养护管理。

② 暂无须采用控制体量技术措施。

2. 罗汉松[*Podocarpus macrophllus*（Thunb.）D. Don]

（1）基本信息。

调查序号	科	属	树龄（年）	栽植位置	保护等级
网3号	罗汉松科	罗汉松属	260	濯缨水阁西侧	一级

（2）树体生长基本状况（见图4-72）。

① 树冠生长状况：树冠枝叶生长良好，叶色为墨绿色。

② 树干生长状况：树干向北侧倾斜约10°，树干生长良好，上面有许多萌发芽。周径约70cm，直径约22cm。

③ 根际环境与根部生长状况：根际环境与根部位于砖铺小庭院地面。从树冠的长势看，根系生长应属正常，根际土壤环境的营养应属基本平衡。

（3）保护技术措施建议。

① 按《苏州市古树名木保护管理条例》进行日常养护管理。

② 暂无须采用控制体量技术措施。

③ 树干约3m高处的西北侧与廊檐瓦当相距较近,但已有牵拉和支撑保护,注意维护即可。

树冠状

从基部仰视树干与树冠状

根部环境状

树干与庭院廊檐瓦当接近状

图 4-72　网 3 号古树树体生长基本状况

3. 紫藤(*Wistaria sinensis* Sweet)

(1) 基本信息。

调查序号	科	属	树龄(年)	栽植位置	保护等级
网 6 号	豆科	紫藤属	130	殿春簃南庭院	二级

(2) 树体生长基本状况(见图 4-73)。

① 树冠生长状况:树冠枝叶生长良好,叶色为绿色。

② 树干生长状况:主蔓长约1m,已有钢筋网罩保护,现生长正常。

③ 根际环境与根部生长状况:根际环境与根部位于殿春簃南庭院平台西侧,根基植麦冬地被。从树冠的长势看,根系生长应属正常,根际土壤环境的营养应属基本平衡。

　　树体状　　　　　　　　　根部环境状　　　　　　　　主蔓状

图 4-73　网 6 号古树树体生长基本状况

(3) 保护技术措施建议。
① 按《苏州市古树名木保护管理条例》进行日常养护管理。
② 暂无须采用控制体量技术措施。

(二) Ⅱ级(黄色)监测预警树种

木瓜 [*Chaenomeles sinensis* (Thouin) Koehne]

(1) 基本信息。

调查序号	科	属	树龄(年)	栽植位置	保护等级
网 4 号	蔷薇科	木瓜属	260	看松读画轩西庭院	二级

(2) 树体生长基本状况(见图 4-74)。
① 树冠生长状况:树冠枝叶分布均匀,叶色为绿色,生长正常。
② 树干生长状况:树干中部木质部已腐烂、中空,由树皮从北、东、南三面向西合卷形成中空的树主干。周径约 113cm,直径约 36cm。洞穴直径约 22cm。
③ 根际环境与根部生长状况:根际环境与根部位于碎石海棠纹地面。从树冠的长势看,根系生长应属正常,根际土壤环境的营养应属基本平衡。

(3) 保护技术措施建议。
① 清除树干洞穴内层已腐烂的木质,消毒,涂抹防腐蚀保护剂。
② 封实树干中上部洞穴口和裂口。
③ 按《苏州古典园林古树名木保护技术措施规程》中"不同古树名木树干洞穴防腐技术"中的第(1)项和"树干防腐技术常用试剂或材料"中的第(2)项处理。
④ 无须采用控制体量技术措施。

从东侧看树冠状　　　　　　从东侧看树干状

树干中上部洞穴口状

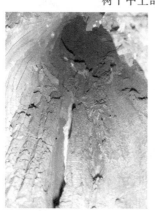

树干洞穴内侧木质腐蚀状

图 4-74　网 4 号古树树体生长基本状况

(三) Ⅲ级（橙色）监测预警树种

紫藤（*Wistaria sinensis* Sweet）

(1) 基本信息。

调查序号	科	属	树龄（年）	栽植位置	保护等级
网 5 号	豆科	紫藤属	220	射鸭廊南黄石假山上	二级

（2）树体生长基本状况（见图4-75）。

① 树冠生长状况：树冠藤蔓生长于黄石假山上，蔓叶茂密，叶色为绿色，生长正常。

② 树干生长状况：主蔓东南侧木质部已腐烂失去，仅存西北侧树皮生长良好。残存木

主蔓中基部腐烂状　　　　　　　　顶部蔓干腐蚀状

藤蔓分布在假山架上不同部位状

图4-75　网5号古树树体生长基本状况

质仍在腐蚀。存活树皮宽约28cm,厚约7cm。基部主蔓已有钢筋网罩保护。

③ 根际环境与根部生长状况:根际环境与根部位于黄石假山南侧栽植穴中。从树冠的长势看,根系生长应属正常,根际土壤环境的营养应属基本平衡。

（3）保护技术措施建议。

① 清除主蔓已腐烂的木质,消毒,涂抹防腐蚀保护剂。

② 按《苏州古典园林古树名木保护技术措施规程》中"古树名木树干防腐技术"中的第(2)项中的第②小项处理。

③ 无须采用控制体量技术措施。

（四）Ⅳ级（红色）监测预警树种

圆柏 [*Sabina chinensis* (L.) Ant.]

（1）基本信息。

调查序号	科	属	树龄（年）	栽植位置	保护等级
网2号	柏科	圆柏属	920	看松读画轩前花台上	一级

（2）树体生长基本状况（见图4-76）。

从南侧看树体状

树体东南侧成活树枝状

从南侧看树冠状

树干基部木质部腐蚀状

成活树皮内侧腐蚀、腐烂状

树干中部攀缘植物状

图4-76　网2号古树树体生长基本状况

① 树冠生长状况：树冠顶稍已枯死，仅东南侧有两枝侧枝成活，该两枝的叶色为翠绿色，生长正常。

② 树干生长状况：树干木质部已枯死，中基部树干木质部形成洞穴。仅东南侧有活树皮连通根系与树冠，使树体保持成活。

③ 根际环境与根部生长状况：根际环境与根部位于黄石花台上。从树冠生长状况看，东南侧根系应生长良好。

（3）保护技术措施建议。

① 建议对根部东南侧根际表层土层部分更换营养土，促进树势复壮。

② 清除树干中上部攀缘植物，防止对活树皮形成影响。

③ 清除树干活树皮内侧腐蚀木质，并做防腐处理。

④ 按《苏州古典园林古树名木保护技术措施规程》中的"古树名木的复壮管理技术措施"中第1条和"不同类型树干洞穴防腐技术"中（2）项中第②、③小项及"古树名木树冠管理技术措施"中第1条处理。

⑤ 无须采用控制体量技术措施。

六、耦园古树名木各树种基本状况及保护技术措施

Ⅰ级（绿色）监测预警树种

1. 桂花 [*Osmanthus fragrans* (thunb.) Lour.]

（1）基本信息。

调查序号	科	属	树龄（年）	栽植位置	保护等级
耦1号	木犀科	木犀属	200	无俗韵轩北庭院西南角	二级

（2）树体生长基本状况（见图4-77）。

从北侧看树体状　　　　　　树冠状　　　　　　根际与根部环境状

图4-77　耦1号古树树体生长基本状况

① 树冠生长状况:树冠主枝已被短截,现树冠由截面下层枝萌发的新枝构成,叶色为绿色,新枝生长良好。

② 树干生长状况:树干基部离地约40cm处形成三枝并列次主干,树干生长正常。

③ 根际环境与根部生长状况:根际环境与根部位于碎石铺地地面。从树冠的长势看,根系生长应属正常,根际土壤环境的营养应属基本平衡。

(3) 保护技术措施建议。

① 按《苏州市古树名木保护管理条例》进行日常养护管理。

② 无须采用控制体量技术措施。

2. 茶花(*Camellia japonica* L.)

(1) 基本信息。

调查序号	科	属	树龄(年)	栽植位置	保护等级
耦2号	山茶科	山茶属	120	曲城草堂南庭院黄石假山东北角	二级

(2) 树体生长基本状况(见图4-78)。

从北侧看树体状　　　　　树干及根际与根部环境状

图4-78　耦2号古树树体生长基本状况

① 树冠生长状况:树冠枝叶茂密,生长正常。

② 树干生长状况:树干生长正常。周径约54cm,直径约17cm。

③ 根际环境与根部生长状况:根际环境与根部位于黄石假山东北角近山脚的栽植穴中。从树冠的长势看,根系生长应属正常,根际土壤环境的营养应属基本平衡。

(3) 保护技术措施建议。

① 按《苏州市古树名木保护管理条例》进行日常养护管理。

② 无须采用控制体量技术措施。

3. 柏木(*Cupressus funebris* Endl.)

(1) 基本信息。

调查序号	科	属	树龄(年)	栽植位置	保护等级
耦3号	柏科	柏木属	220	黄石假山西端栽植穴	二级

(2) 树体生长基本状况(见图4-79)。

部分树冠状

图4-79　耦3号古树树体生长基本状况

① 树冠生长状况:树冠枝叶茂密,生长正常。
② 树干生长状况:树干生长正常。周径约78cm,直径约25cm。
③ 根际环境与根部生长状况:根际环境与根部位于黄石假山西端栽植穴。从树冠的长势看,根系生长应属正常,根际土壤环境的营养应属基本平衡。

(3) 保护技术措施建议。
① 按《苏州市古树名木保护管理条例》进行日常养护管理。
② 无须采用控制体量技术措施。

七、艺圃古树名木各树种基本状况及保护技术措施

Ⅰ级(绿色)监测预警树种

1. 白皮松(*Pinus bungeana* Zucc.)

(1) 基本信息。

调查序号	科	属	树龄(年)	栽植位置	保护等级
艺1号	松科	松属	100	朝爽亭西侧	二级

（2）树体生长基本状况（见图4-80）。

从北侧看树干与部分树冠状　　从西侧看树干与部分树冠状　　从西侧看根际与根部环境状

图4-80　艺1号古树树体生长基本状况

① 树冠生长状况：树冠枝叶较稀疏，分布均匀，叶色为暗绿色，生长正常。

② 树干生长状况：树干微向西倾斜约20°，生长健壮。树干已从东侧用铁丝拉住，防止树体向西进一步倾斜。周径约126cm，直径约40cm。

③ 根际环境与根部生长状况：根际环境与根部位于朝爽亭所在假山西端山顶边缘。从树冠的长势看，根系生长应属正常，根际土壤环境的营养应属基本平衡。

（3）保护技术措施建议。

① 按《苏州市古树名木保护管理条例》进行日常养护管理。

② 暂不需要采用控制体量技术措施。

2. 朴树（*Celis tetrandra* ssp. *sinensis* Y. C. Tang）

（1）基本信息。

调查序号	科	属	树龄（年）	栽植位置	保护等级
艺2号	榆科	朴属	100	朝爽亭南侧	二级

（2）树体生长基本状况（见图4-81）。

① 树冠生长状况：树冠北侧覆盖于朝爽亭上，树冠枝叶茂密，生长正常。

② 树干生长状况：树干健壮，微向西南倾斜。树干基部北侧有小洞穴。周径约159cm，直径约47cm。

③ 根际环境与根部生长状况：根际环境与根部位于朝爽亭南侧山顶的土层。从树冠的长势看，根系生长应属正常，根际土壤环境的营养应属基本平衡。

（3）保护技术措施建议。

① 建议对树干基部北侧小洞穴做封实处理，防止腐蚀树干。

② 按《苏州市古树名木保护管理条例》进行日常养护管理。

③ 按《苏州古典园林古树名木保护技术措施规程》中的"不同类型树干洞穴防腐技术"中的第(1)项处理。

④ 暂不需要采用控制体量技术措施。

从西侧看树干与部分树冠状　　　　　　　　　　　部分树冠状

图 4-81　艺 2 号古树树体生长基本状况

3. 榔榆(*Ulmus pumila* L.)

(1) 基本信息。

调查序号	科	属	树龄(年)	栽植位置	保护等级
艺 3 号	榆科	榆属	100	欲鸥庭院东侧高墙边	二级

(2) 树体生长基本状况(见图 4-82)。

① 树冠生长状况：树冠高约 12m，西侧次主干已折断且生长出部分小枝。树冠主要由东侧次主干的枝叶形成。树冠比较稀疏，冠形紧凑。

② 树干生长状况：树干微向西倾斜 5°～10°，已从东侧用铁丝拉住。东侧主干有腐蚀裂沟，裂沟贯穿主干上下。周径约 149cm，直径约 47cm。

③ 根际环境与根部生长状况：根际环境与根部位于欲鸥庭院东墙脚边。从树冠的长势看，根系生长应属正常，根际土壤环境的营养应属基本平衡。

(3) 保护技术措施建议。

① 建议对树干东侧次主干裂沟做防腐、封实处理，防止腐蚀树干。

② 按《苏州市古树名木保护管理条例》进行日常养护管理。

③ 按《苏州古典园林古树名木保护技术措施规程》中的"不同类型树干洞穴防腐技术"中的第(1)项处理。

④ 古树位于高墙旁，树冠又有一部分伸展出墙外，为防止大风引起树体晃动而影响东侧高墙安全，须对古树体量进行控制。但由于树冠不是太大，再加上榔榆树种又属直根系，可采取适度控制体量技术措施。

从西南侧看树体状

从北侧树下看树干及部分树冠状

根际与根部环境状

树干东侧裂沟状

树干东南侧裂沟状

树干东南侧裂沟内部腐蚀状

图 4-82　艺 3 号古树树体生长基本状况

八、环秀山庄古树名木各树种基本状况及保护技术措施

Ⅰ级(绿色)监测预警树种

1. 白皮松(*Pinus bungeana* Zucc.)

(1) 基本信息。

调查序号	科	属	树龄(年)	栽植位置	保护等级
环 1 号	松科	松属	190	小假山东北侧	二级

(2) 树体生长基本状况(见图 4-83)。

① 树冠生长状况:树冠枝叶较稀疏,生长正常。

② 树干生长状况:主干向东南倾斜约 45°。周径约 92cm,直径约 29cm。

③ 根际环境与根部生长状况:根际环境与根部位于小假山北墙基。从树冠的长势看,根系生长应属正常,根际土壤环境的营养应属基本平衡。

(3) 保护技术措施建议。

① 补秋山房西山墙边要注意加强对树干的支撑。

② 按《苏州市古树名木保护管理条例》进行日常养护管理。

③ 按《苏州古典园林古树名木保护技术措施规程》中的"古树名木的树体保护与支撑"中的第(3)项处理。

④ 暂无须采用控制体量技术措施。

树体状　　　　　　　　　　　根际环境状

图 4-83　环 1 号古树树体生长基本状况

2. 糙叶树[*Aphananthe aspera*(Thunb.)Planch.]

(1) 基本信息。

调查序号	科	属	树龄(年)	栽植位置	保护等级
环 2 号	榆科	糙叶树属	100	半潭秋水山房北侧	二级

(2) 树体生长基本状况(见图 4-84)。

树体状　　　　　　　　　　　根际环境状

图 4-84　环 2 号古树树体生长基本状况

① 树冠生长状况:树冠枝叶茂密,生长正常。

② 树干生长状况:主干直立、健壮。周径约203cm,直径约65cm。

③ 根际环境与根部生长状况:根际环境与根部位于补秋山房东大假山东北侧山脚处。从树冠的长势看,根系生长应属正常,根际土壤环境的营养应属基本平衡。

(3)保护技术措施建议。

① 按《苏州市古树名木保护管理条例》进行日常养护管理。

② 暂无须采用控制体量技术措施。

3. 朴树(*Celis tetrandra* ssp. sinensis Y. C. Tang)

(1)基本信息。

调查序号	科	属	树龄(年)	栽植位置	保护等级
环3号	榆科	朴属	100	有谷堂南庭院西侧	二级

(2)树体生长基本状况(见图4-85)。

从北侧看树体状

根际环境状(右侧株)

图4-85 环3号古树树体生长基本状况

① 树冠生长状况:树冠枝叶茂密,生长正常。

② 树干生长状况:主干直立、健壮。周径约197cm,直径约63cm。

③ 根际环境与根部生长状况:根际环境与根部位于有谷堂南庭院湖石花台上。从树冠的长势看,根系生长应属正常,根际土壤环境的营养应属基本平衡。

(3)保护技术措施建议。

① 按《苏州市古树名木保护管理条例》进行日常养护管理。

② 无须采用控制体量技术措施。

4. 广玉兰(*Magnolia grandiflora* L.)

(1)基本信息。

调查序号	科	属	树龄(年)	栽植位置	保护等级
环4号	木兰科	木兰属	110	有谷堂南庭院东侧	二级

(2)树体生长基本状况(见图4-86)。

从西侧看树体状

根际环境状(左侧株)

图4-86　环4号古树树体生长基本状况

① 树冠生长状况:树冠枝叶茂密,生长正常。
② 树干生长状况:主干直立、健壮。周径约166cm,直径约53cm。
③ 根际环境与根部生长状况:根际环境与根部位于有谷堂南庭院湖石花台上。从树冠的长势看,根系生长应属正常,根际土壤环境的营养应属基本平衡。
(3)保护技术措施建议。
① 按《苏州市古树名木保护管理条例》进行日常养护管理。
② 无须采用控制体量技术措施。

第五节　古树名木树种超体量树体控制技术

在对拙政园、留园、网师园、狮子林、沧浪亭、艺圃、藕园、环秀山庄等8处园林内超体量树体的位置、体量特征、生长环境特点的研究过程中发现,拙政园、留园、狮子林、沧浪亭4处园林中有些古树需要对其生长势进行适度的调控,而网师园、艺圃、藕园、环秀山庄4处园林内尚没有明显的超体量树体。拙政园、留园、狮子林、沧浪亭4处园林中共有7株古树需要对其生长势进行适度的调控,其中拙政园2株、留园1株、网师园1株、狮子林3株。为了对这7株古树名木树体的生长势进行适度的调控,调研组研发了"古树名木树种超体量树体控制技术"。

一、古树名木树种超体量树体控制技术研究背景

古树名木树龄都在百年以上,其中一些古树名木树体的体量过大,超过园林景观对空间的要求,或超过根际环境对树体重量的承载。然而,这些古树名木是我国古典园林的重要景观,也是园林遗产的主要保护对象,不能通过简单截枝等常规修剪技术对树体生长进

行控制,只能通过对树体施用生长延缓剂对其生长进行适度的控制。目前对树木施用生长延缓剂的方法主要有两种:一是对根际土壤进行土施;二是对树冠进行叶面喷施。在研究过程中发现,古典园林的超体量古树名木树体的根系大多生长在砖、石所铺地面之下或在假山的山石之中,生长延缓剂很难以常规的土施方法予以施用;而且,古典园林每天都开放接待游客,也不适合用叶面喷施药剂的方法施用生长延缓剂。因此,必须研制生长延缓剂的输送装置,使生长延缓剂通过该装置输送到古树名木树体内,再随树木本身疏导组织系统内的液流输送到树体的各个部位,发挥生长延缓剂调控生长的作用,在不影响古典园林环境和景观现状的前提下,达到延缓树体生长的目的。

二、生长延缓剂的种类和作用机理

1. 种类

植物生长延缓剂是植物生长调节剂的一个种类。常用的植物生长延缓剂有多效唑(PP_{333})、矮壮素(CCC)、比久(B_9)、助壮素(Pix)、烯效唑等。

2. 作用机理

已有的研究表明,生长延缓剂的作用机理主要是通过阻碍植物体内内源赤霉素(GA)的生物合成,导致 GA 水平降低,同时生长素(IAA)含量下降。通过抑制 GA 的生物合成来抑制植物亚顶端分生组织的生长,延缓细胞伸长和生长速度,达到延缓生长的目的,但在节间缩短的同时细胞数目和节间数目不减少,因此又不会完全阻止植物的生长。

三、古树名木树种超体量树体控制技术的主要研究内容

(一)古树名木生长延缓剂的输送装置

古树名木生长延缓剂的输送装置主要由生长延缓剂的储液器、控制器、吸收器三部分组成(见图4-87)。

1. 古树名木树体生长延缓剂的储液器

生长延缓剂的储液器主要由储液瓶、橡皮瓶塞及两根普通医用注射针头(如图4-87中的1、2)和上下两根输液软塑管(如图4-87中的3、6)组成。

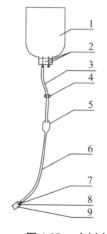

1. 储液瓶
2. 橡皮塞及医用注射针头
3. 上输液软塑管
4. 流量控制夹(阀)
5. 流量可视器
6. 下输液软塑管
7. 橡皮塞
8. 医用注射针头
9. 生长延缓剂吸收器

图4-87 古树名木生长延缓剂输送装置结构示意

2. 古树名木树体生长延缓剂的控制器

控制器是调控生长延缓剂输入树体维持合适流速和流量的关键部分,由流量调控夹(阀)和流量可视器(如图4-87中的4、5)组成。流量调控夹(阀)可以用由螺丝调控的双层塑料片(或金属片制成的普通夹子)或类似医用输液装置上的流量调控阀,用于调控整个装置的流速和流量。流量可视器是显示流速和流量的装置,可以由玻璃或透明塑料制成,类似于医用输液装置上可视器。控制器的应用主要是通过调控流量调控夹(阀)来调控流量可视器在单位时间内通过的生长延缓剂的滴数(如5滴/分钟)。

3. 古树名木树体生长延缓剂吸收器

生长延缓剂的吸收器是使延缓剂输入树干后能达到最大吸收面积的主要装置。

(二) 生长延缓剂种类、浓度优化配方

本研究从实践中优选了3种生长延缓剂种类、浓度优化配方,并对苏州遗产古典园林中香樟、枫杨、女桢、朴树4种体量过大树种进行多效唑(PP_{333})、矮壮素(CCC)、比久(B_9)3种生长延缓剂合适施用浓度的优化配方模拟实验,具体配方如下:

(1) 多效唑(PP_{333})4.5mg/kg + 矮壮素(CCC)5mg/kg + 比久(B_9)40mg/kg。

(2) 多效唑(PP_{333})4.5mg/kg + 矮壮素(CCC)20mg/kg + 比久(B_9)5mg/kg。

(3) 多效唑(PP_{333})4.5mg/kg + 矮壮素(CCC)40mg/kg + 比久(B_9)20mg/kg。

实验结果表明,三种优化组合配方既对4个树种生长有良好的生长延缓作用,又对树木生长没有明显的生理伤害作用。

四、古树名木树种超体量树体控制技术的应用方法

(1) 将生长延缓剂装入储液瓶,塞紧储液瓶的橡皮塞,插入两根普通医用注射针头。

(2) 把上、下输液软塑管分别连接在可视器的上、下两端接口处,在上输液软塑管的合适位置安装输液量控制夹(阀),并将上输液软塑管的另一端口与储液瓶塞上的一个针头的下端相连接(瓶塞上的另一针头的下端用于通气),下输液软塑管的另一端与吸收器上的普通医用注射针头一端相连接。

(3) 用普通木钻在古树名木树干1.5m以上合适部位,钻一个通过树干中心直线,且与树干垂线成约45°角、直径7~9mm、深度50~60mm的圆孔,并将其中木屑末清除干净。

(4) 把吸收器安放进入圆孔中,孔洞口用橡皮孔塞塞紧,把与下输液软塑管连接的针头插进橡皮孔塞和圆柱状海绵体的正中线位置。

(5) 把储液瓶用网兜挂于约2m高处的树枝上,调节流量调控夹(阀),使流量可视器的流量控制在2~5滴/分钟,直至储液瓶中的生长延缓剂全部输入树体。

(6) 对树干孔洞进行后期处理。树干孔洞的后期处理是指生长延缓剂的施用完成后的后续操作技术,主要包括两部分内容:① 取出注射针头、橡皮孔塞及吸收器;② 用土霉素软膏封实孔洞口,再用建筑用防渗透泥或油漆用腻子封实孔洞口表面。

五、古树名木树种超体量树体控制技术专利

古树名木超体量树体控制技术包括"古树名木生长延缓剂的输送装置"和"古树名木生长延缓剂及其输送方法"两项技术,该两项技术已获国家专利局授权证书(见图4-88)。

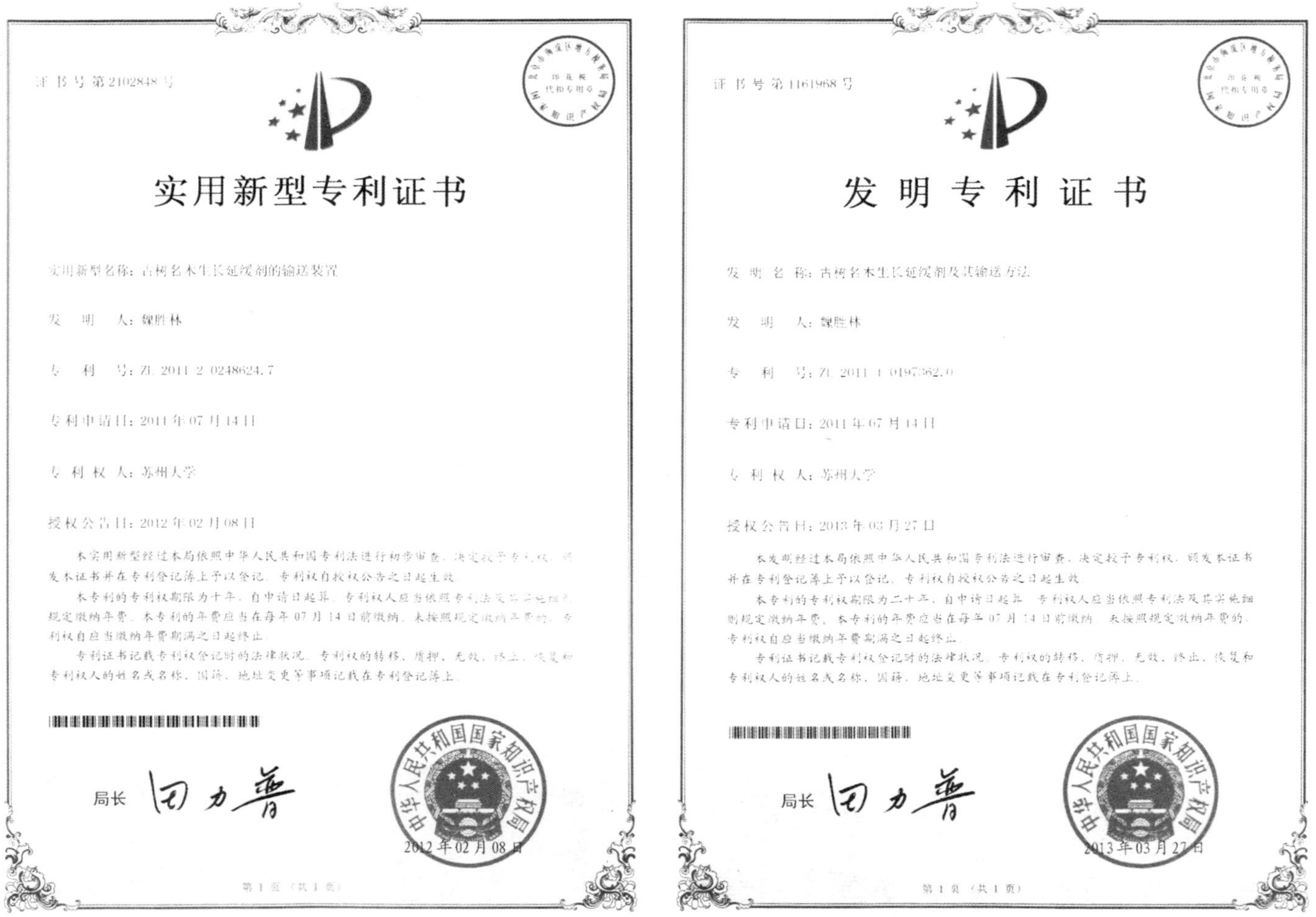

图 4-88 "古树名木生长延缓剂的输送装置"和"古树名木生长延缓剂及其输送方法"专利证书

附录 苏州古典园林古树名木监测预警等级与保护技术分类表

苏州古典园林古树名木监测预警等级与保护技术分类表

园林名称	预警等级	数量（株/园）	调查序号	树种	科	属	树龄（年）	树体生长现状与主要问题	建议保护技术或措施
拙政园	绿色（Ⅰ级）	8	拙1号	柏木	柏科	柏木属	210	1. 树势生长正常或基本正常。 2. 树干有凹穴或浅孔穴。	采用树干防腐技术。修补洞穴。
			拙3号	圆柏	柏科	圆柏属	150		
			拙6号	圆柏	柏科	圆柏属	130		
			拙15号	柘树	桑科	柘属	120		
			拙19号	黄杨	黄杨科	黄杨属	130		
			拙21号	白皮松	松科	松属	120		
			拙22号	木瓜	蔷薇科	木瓜属	120		
			拙23号	木香	蔷薇科	蔷薇属	120		
	黄色（Ⅱ级）	6	拙4号	圆柏	柏科	圆柏属	140	1. 树势生长基本正常，或树势生长已显衰弱，或树势生长基本正常，但树干须加强保护，树干须持续保护。 2. 树干顶部及基部多处散开洞穴口；树干中空；树根基部有悬空洞穴；树干洞穴内侧木质腐烂。	采用根际复壮技术，树干防腐技术。封堵洞穴口，加支撑，护根保护。
			拙7号	枫杨	胡桃科	枫杨属	130		
			拙10号	枫杨	胡桃科	枫杨属	130		
			拙11号	枫杨	胡桃科	枫杨属	100		
			拙13号	椰榆	榆科	榆属	120		
			拙20号	枸骨冬青	冬青科	冬青属	200		
	橙色（Ⅲ级）	5	拙8号	枫杨	胡桃科	枫杨属	130	1. 树势生长基本正常，但树干须加强保护；或树势生长较弱，也须加强树干保护。 2. 树干内侧倾斜；树干顶部洞穴口渗漏；树体倾斜；树干基部支撑力较弱。	采用树干防腐技术。加支撑或换支体量技术，加支撑。
			拙9号	枫杨	胡桃科	枫杨属	160		
			拙12号	枫杨	胡桃科	枫杨属	140		
			拙14号	榔榆	榆科	榆属	150		
			拙18号	银薇	千屈菜科	紫薇属	190		
	红色（Ⅳ级）	4	拙2号	圆柏	柏科	圆柏属	320	1. 树势生长基本正常，但树干须加强保护；或树势衰弱，或树势濒危。 2. 树干木质腐烂；藤蔓吊挂处有腐蚀。	采用树干防腐技术，根际复壮技术。加支撑或换支撑；主蔓吊挂处更换垫衬材料。
			拙5号	圆柏	柏科	圆柏属	210		
			拙16号	紫藤	豆科	紫藤属	430		
			拙17号	枣	鼠李科	枣属	100		

续表

园林名称	预警等级	数量（株/园）	调查序号	树种	科	属	树龄（年）	树体生长现状与主要问题	建议保护技术或措施
留园	绿色（Ⅰ级）	16	留1号	银杏	银杏科	银杏属	120	树势生长正常。	
			留2号	银杏	银杏科	银杏属	120		
			留3号	银杏	银杏科	银杏属	210		
			留4号	银杏	银杏科	银杏属	230		
			留5号	银杏	银杏科	银杏属	330		
			留6号	黑松	松科	松属	100		
			留7号	黑松	松科	松属	100		
			留9号	白皮松	松科	松属	150	1. 树干上有浅洞穴，树体量控制；树干基部有腐蚀洞穴。	采用树干防腐技术。填实浅洞穴，适当控制树体量。
			留10号	柏木	柏科	柏木属	100		
			留12号	榔榆	榆科	榆属	100		
			留13号	朴树	榆科	朴属	100		
			留14号	广玉兰	木兰科	木兰属	120		
			留15号	柿树	柿科	柿属	120		
			留16号	黄杨	黄杨科	黄杨属	120		
			留17号	香椿	楝科	香椿属	114		
			留18号	南紫薇	千屈菜科	紫薇属	330		
	橙色（Ⅲ级）	1	留8号	罗汉松	罗汉松科	罗汉松属	100	树势生长已基本恢复。	继续加强树干保护。
	红色（Ⅳ级）	1	留11号	圆柏	柏科	圆柏属	130	树势濒危。	采用树干防腐技术，根系复壮技术。
环秀山庄	绿色（Ⅰ级）	4	环1号	白皮松	松科	松属	190	树势生长正常。	
			环2号	糙叶树	榆科	糙叶树属	100		
			环3号	朴树	榆科	朴属	100		
			环4号	广玉兰	木兰科	木兰属	110		

续表

园林名称	预警等级	数量(株/园)	调查序号	树种	科	属	树龄(年)	树体生长现状与主要问题	建议保护技术或措施
网师园	绿色(Ⅰ级)	3	网1号 网3号 网6号	白皮松 罗汉松 紫藤	松科 罗汉松科 豆科	松属 罗汉松属 紫藤属	120 260 130	树势生长正常。	
	黄色(Ⅱ级)	1	网4号	木瓜	蔷薇科	木瓜属	260	1. 树势生长正常,但树干洞穴内侧木质腐蚀。	采用树干防腐技术。
	橙色(Ⅲ级)	1	网5号	紫藤	豆科	紫藤属	220	1. 树势生长正常,但主蔓须加强保护。 2. 主蔓木质部腐烂。	采用树干防腐技术。
	红色(Ⅳ级)	1	网2号	圆柏	柏科	圆柏属	920	1. 树势濒危。 2. 树干木质部腐蚀。	采用树干防腐技术、根系复壮技术。
沧浪亭	绿色(Ⅰ级)	9	沧1号 沧2号 沧3号 沧7号 沧8号 沧9号 沧10号 沧11号 沧14号	银杏 柏木 罗汉松 榉树 香樟 香樟 香樟 紫藤 黄杨	银杏科 柏科 罗汉松科 榆科 樟科 樟科 樟科 豆科 黄杨科	银杏属 柏木属 罗汉松属 榉属 樟属 樟属 樟属 紫藤属 黄杨属	120 130 120 130 130 120 120 260 130	1. 树势生长正常或基本正常。 2. 树干有浅洞穴。	填实浅洞穴。
	黄色(Ⅱ级)	2	沧12号 沧13号	桂花 桂花	木犀科 木犀科	木犀属 木犀属	170 170	1. 树势生长基本正常,但树干须加强保护,有多处洞穴口;树干木质腐蚀。	封实洞穴口。
	橙色(Ⅲ级)	3	沧4号 沧5号 沧6号	女贞 枫杨 枫杨	木犀科 胡桃科 胡桃科	女贞属 枫杨属 枫杨属	120 180 180	1. 树势基本正常,但树干内侧木质腐烂。	树干防腐技术。

续表

园林名称	预警等级	数量（株/园）	调查序号	树种	科	属	树龄（年）	树体生长现状与主要问题	建议保护技术或措施
狮子林	绿色（Ⅰ级）	9	狮1号 狮2号 狮4号 狮8号 狮9号 狮12号 狮13号 狮14号 狮15号	银杏 银杏 白皮松 木瓜 木瓜 桂花 女贞 白皮松 白皮松	银杏科 银杏科 松科 蔷薇科 蔷薇科 木犀科 木犀科 松科 松科	银杏属 银杏属 松属 木瓜属 木瓜属 木犀属 女贞属 松属 松属	160 160 130 120 130 120 120 130 130	1. 树势生长正常。 2. 树冠体量有些过量。	采用控制体量技术。
	黄色（Ⅱ级）	1	狮6号	圆柏	柏科	圆柏属	130	1. 树势生长较弱。 2. 树干木质腐蚀。	采用树干防腐技术。
	橙色（Ⅲ级）	3	狮3号 狮10号 狮11号	银杏 紫藤 紫藤	银杏科 豆科 豆科	银杏属 紫藤属 紫藤属	600 120 120	1. 树势生长正常或基本正常，但须加强树干保护。 2. 主干有洞穴和洞穴口；主蔓木质腐烂。	采用树干防腐技术，主蔓防腐技术。封实洞穴口。
	红色（Ⅳ级）	2	狮5号 狮7号	柏木 圆柏	柏科 柏科	柏木属 圆柏属	390 130	1. 树势濒危。 2. 树干腐蚀；树势严重衰弱。	采用树干防腐技术，根系复壮技术。
耦园	绿色（Ⅰ级）	3	耦1号 耦2号 耦3号	桂花 茶花 柏木	木犀科 山茶科 柏科	木犀属 山茶属 圆柏属	200 120 220	树势生长正常。	
艺圃	绿色（Ⅰ级）	3	艺1号 艺2号 艺3号	白皮松 朴树 榔榆	松科 榆科 榆科	松属 朴属 榆属	100 100 100	1. 树势生长正常或基本正常。 2. 树干木质部有腐蚀裂沟。	修补树干裂沟。

参考文献

[1] 魏胜林,茅晓伟,肖湘东,付晓渝,向华明,陈荣伟,徐梦莹. 拙政园古树名木监测预警标准与保护措施研究[J]. 安徽农业科学,2010,38(16):8569-8572

[2] 魏胜林,茅晓伟,肖湘东,付晓渝,向华明,陈荣伟,徐梦莹. 留园古树名木树体现状与保护措施研究[J]. 安徽农业科学, 2010,38(4):2136-2138

[3] 魏胜林,茅晓伟,肖湘东,付晓渝,张重阳. 沧浪亭古树树体现状和症状及保护技术措施研究[J]. 安徽农业科学, 2011,39(19):11603-11605,11617

[4] 魏胜林,茅晓伟,肖湘东,付晓渝,张重阳. 狮子林古树树体现状及保护措施. 江苏农业科学[J],2012,40(2):152-155

[5] 魏胜林,茅晓伟,肖湘东,付晓渝,张重阳,张帅. 网师园古树树体现状和症状及保护技术措施研究[J],安徽农业科学,2011,39(21):12985-12987

[6] WEI Sheng-lin, MAO Xiao-wei, XIAO Xiang-dong, FU Xiao-yu, XIANG Hua-ming, CHEN Rong-wei, XU Meng-ying. Research on Monitoring and Early-warning Standards of Ancient and Famous Trees Protection in the Humble Administrator's Garden[J]. Journal of Landscape Research ,2010,2(5):39-44,55

[7] WEI Sheng-lin, MAO Xiao-wei, XIAO Xiang-dong, FU Xiao-yu, XIANG Hua-ming, CHEN Rong-wei, XU Meng-ying. Study on Present Situation of Ancient and Famous Trees in the Lingering Garden and Its Protective Measures[J]. Journal of Landscape Research, 2010,2(1):71-75

[8] WEI Sheng-lin, MAO Xiao-wei, XIAO Xiang-dong, FU Xiao-yu, ZHANG Chong-yang. Research on Current Situation, Symptoms and Protection Technological Measures of Ancient Trees in Surging Waves Pavilion, China[J]. Journal of Landscape Research, 2011,2(5):52-56

[9] WEI Sheng-lin, MAO Xiao-wei, XIAO Xiang-dong, FU Xiao-yu, ZHANG Chong-yang, ZHANG Shuai. Current Situation, Symptoms and Protective Techniques of Ancient Trees in the Master-of-Nets Garden[J]. Journal of Landscape Research 2011,3(6):51-54